KB138274

5분 만에 답을 찾는

모든 심리 연구소

5분 만에 답을 찾는
모든 심리 연구소

1판 1쇄 인쇄 2017년 7월 5일
1판 1쇄 발행 2017년 7월 15일

지은이 와시다 키요카즈
옮긴이 박진희

발행처 고즈윈
발행인 이은주

신고번호 제300-2005-176호
신고일자 2005년 10월 14일

주소 (04029) 서울시 마포구 양화로 7길 84 영화빌딩 4층
전화 02-325-5676
팩스 02-333-5980

값은 표지에 있습니다.

ISBN 979-11-87904-04-5 03180

5분 만에 답을 찾는

모든 심리 연구소

와시다 키요카즈 지음 _ 박진희 옮김

갓즈윈
God'sWin

상담 접수

〈임상철학 클리닉*〉이라는 간판 앞에서 고개를 갸우뚱하는 분이 있을지도 모르겠습니다. 오히려 내면에 꼭꼭 숨겨두었던 상처가 덧나는 건 아닐까 걱정하면서 말이지요.

하지만 병은 혹은 가슴 깊이 담아두었던 것은 밖으로 드러내지 않고선 치료되지 않는 법입니다. 즉, 정면으로 직시하여 대처하라는 말이지요. 인간다운 삶을 살기 위해서는 정면으로 직시하고 제대로 대처해야 한다고 믿습니다. 인간은 생존욕구를 포기할 수 없으면서도, 일단 태어났으니 '그냥 살아간다'는 생각에 사로잡히기도 합니다. 하지만 '그냥 살아간다'는 것은 참다운 인생이 아닙니다.

'그냥 살아간다'는 것도 그리 만만치는 않습니다. 내가 지금 이 자리에서 이렇게 살아야 하는 의미, 그렇게 폼 나지는 않더라도 지금처럼 삶의 의미를 찾지 못한다면 모든 것을 끝내버리고 싶은 충동이 들기도

---

* 작가 와시다 키요카즈가 고민을 상담하는 심리상담소의 명칭이다.

합니다.

"나 같은 건 태어나지 말았어야 했어, 그냥 확 사라져버리면 좋을 텐데……."

인간은 욕구와 현실의 괴리에 대한 고민을 해결하기 위해 종교에 의존하려 하지만, 종교는 '그냥 살아간다'는 것이 무언가의 결여라는 것을 지적하기 보다는, 살아가는 것 자체가 하나의 기적이라고 가르칩니다. '그저 살아간다'는 것에 만족하지 못하고 그 이상의 것들에 욕망을 품기 때문에 번민, 고민, 고통이 생긴다는 것입니다.

하지만 '그저 살아간다'는 것도 그리 만만치는 않습니다. 사람들 속에, 혹은 복잡한 조직들 속에 들어가야 최소한의 삶이 가능하기 때문입니다. 삶에 희락과 고통이 따르는 것은 살아가는 동안 생각에서 벗어날 수 없기 때문입니다. 따라서 산다는 것은 생각한다는 것을 의미합니다. 생각 따윈 접어두고 '그저 살아간다'는 것은 있을 수 없습니다.

상황이 생각에 영향을 미치기도 하지만, 생각이 인간행동을 통해 상황에 영향을 미치기도 합니다. 하지만 인간의 힘이 어떤 상황(자연재해, 예기치 못한 사건발생 등)에 전혀 영향을 주지 못할 수가 있다는 점에서, 인간의 힘으로 컨트롤할 수 있는 상황에 집중할 필요가 있습니다. 상황이 전개되는 대로 '그냥 살기'보다는 인간의 힘에 영향을 받는 제한된 상황에 긍정적인 변화가 일어나게 하려면 어떤 행동을 취해야 하는지에 대해 심사숙고를 해보는 것입니다. 그 변화를 위해 '어떻게 생각하면 좋을지' 혹은 '어떻게 생각을 바꾸면 좋을지'를 고민해야 하는 것입니다.

〈임상철학 클리닉〉은 그런 고민을 적절하게 해결하는 병원입니다. '그 문제의 핵심은 이런 것이 아닐까?', '자, 이런 방향으로 생각해 보는 건 어떨까?'와 같은 처방전을 제시하고자 합니다.

그렇다고 전적으로 이 병원을 믿으라는 말은 아닙니다. 원래 약을 처방하는 쪽이 클라이언트(환자) 이상으로 병이 깊을 수도 있으니 처방에 대해 언제나 조금 회의적인 태도를 갖는 것이 바람직합니다.

사실을 말하자면, 처방전에 대한 회의적인 태도가 오히려 효능을 높일 수도 있습니다. 〈임상철학 클리닉〉은 치료라는 행위를 의심하는 이상한 병원입니다. 이 병원은 당신을 괴롭히는 문제의 근원을 당신과 함께 지속적으로 파헤쳐 나갈 것임을 약속드립니다.

상담 접수

chapter

04

외모가 마음에
들지 않을 때

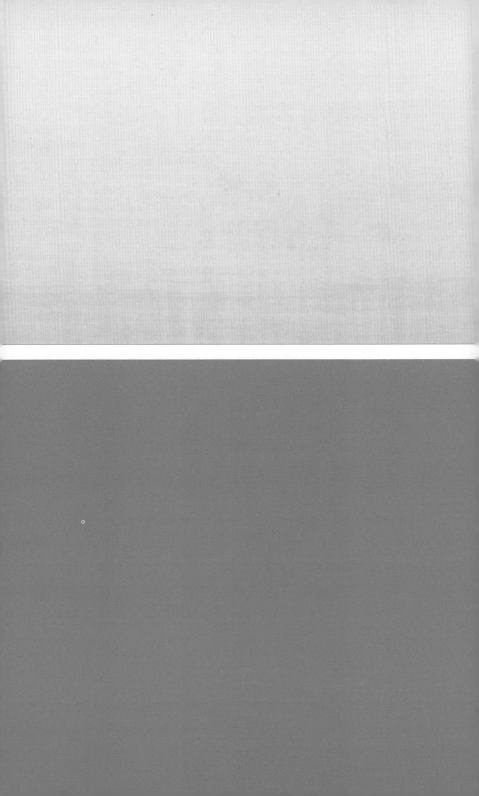

chapter

01

삶의 의미를
찾고 싶을 때

: 1 :

평범한 회사원은
정말 시시해요

Q
보람을 느낄 수 있는 직업을 찾지 못해
고민입니다.

처음부터 아주 근원
적인 문제를 들고 나오는군요. 지금은 불황이라 회사 자체가 힘들잖아
요. 신입사원 채용도 줄었지요. 결국 세월이 흘러도 후배가 들어오지
않으니까 같은 일을 몇 년씩 계속하게 되고, 그러는 사이 "이 일은 딱
히 내가 아니라도 상관없잖아. 누구나 할 수 있는 일인 걸 뭐." 하는 마
음이 생기는 것도 사실입니다.

"평범한 회사원이란 정말 시시해." 같은 생각도 마찬가지로 마음에
서 시작됩니다. 옛날에는 일을 해야만 하는 이유 같은 건 생각하지 않
아도 되었을 거예요. 아니, 그런 생각을 할 여유가 없었다는 편이 맞는
말이겠네요.

가난에 쫓겨 하루하루를 먹고 사는 데 필사적이었으니, 일의 보람이

14
5분 만에 답을 찾는 모든 심리 연구소

나 이유 같은 건 생각할 여유가 없었을 거예요. 가족을 부양해야 하고, 부모를 도와야 했죠. 그 시절엔 확실히 가족이라는 존재가 바탕에 있었어요.

가족이라는 집단의 응집력이 강하면, 자신도 가족의 일원으로서 무언가 해야 한다고 생각하게 됩니다. 그 생각만으로도 일할 의욕이 솟았지요. 그런데 지금은 불황이라고는 해도 회사에 들어가면 굶어죽을 일은 없고, 독립하지 않고 아직 부모님 댁에서 살고 있다면 먹고 자는 데 아무런 문제도 없습니다.

현대는 옛날에 비해 가족의 응집력이 많이 약해졌습니다. 물론 지금도 가족이나 지역 같은 소속 집단이 확실하면 사회 안에서도 자신의 위치가 드러나 보이긴 합니다. 하지만 현재는 집단을 통해서가 아닌, 개인이 미디어나 도시라는 공간을 통해서 직접 사회와 접촉하는 시대입니다.

다시 말하면, 사회라는 커다란 공간에 갑자기 개인으로서 표류하는 상태가 된 것이지요. 자신이 한 일이 사회에 어떤 영향을 주는지, 누구를 위하여 일하는지, 일의 성과가 어떻게 나타나는지가 확실히 보이지 않는 세상이 된 것이지요.

그래서 우리는 "나는 대체 무엇을 위해 사는 걸까?", "이 사회에서 내 역할은 뭐지?" 같은 의문에 빠지게 되는 것입니다. 이런 상황에서 보람을 찾는다는 것은 참으로 어려운 일입니다.

: 2 :
보람을 찾기
어려운 시대

Q

선생님의 젊은 시절은 어땠습니까?
그때는 보람을 찾기 쉬웠나요?

전후 베이비 붐 세대까
지는 큰 목표를 품지 않았더라도 자신의 업무 면에선 전 세대의 업적을
뛰어넘겠다는 무언의 다짐들이 있었습니다. 그 이후의 세대는 먹거리
가 풍부해져 체격이 부모 세대보다 더 좋아졌을 뿐만 아니라 공부도 훨
씬 많이 할 수 있었습니다. 여윳돈도 상대적으로 많게 되었습니다. 부
모 세대를 넘어서는 것은 당연한 것이지요.

선택을 잘해서 그랬던 것은 아닙니다. 이전 세대가 놓은 레일 위에
올라타고 있는 것만으로도 앞으로 나갈 수 있었으니까요.

그에 비하면 지금 세대는 학력도 부모와 다르지 않고, 취미나 놀이
부분에서도 크게 달라진 게 없습니다. 부모 세대에도 밴드를 결성하고,
오토바이를 타고, 아웃도어를 즐겼답니다. 물론 보이스카우트나 고주

망태의 히피 수준이긴 했지만 말이죠.

지금은 밴드를 결성해도 부모에게 "아, 나도 옛날에는 밴드 좀 했었지."라는 말을 듣게 됩니다. 테크노라는 장르가 나온 이후론 더 이상 새로운 음악이 등장하지 않는 것 같습니다. 신곡이래 봤자, 편곡이나 짜깁기 같은 느낌이 듭니다. 부모 세대가 들어도 전혀 새롭다는 느낌이 들지 않는다고 합니다. 따라서 지금 세대는 이전 세대와 별반 다른 길을 가는 것 같지 않습니다. 이전 세대가 놓은 레일 위를 가고 있어도 전진한다는 느낌이 전혀 들지 않고 이렇게 투덜대기 일쑤입니다.

"내가 이 길을 선택한 것이 아니야. 이전 세대의 선택으로 내가 이 길을 가고 있을 뿐이야."

따라서 지금 세대는 자신들의 선택의 폭이 극히 제한적이라 생각합니다. 또 무엇을 한다 해도 아무것도 변하지 않는다는 무력감에서 벗어나지 못합니다. 한 지붕 식구라 해도 함께 식사는커녕 얼굴 볼 시간도 없습니다. 집이라는 공간도 외부로부터의 자유를 보장해주지 못합니다. 집으로 돌아와도 방에 있는 컴퓨터가 외부와 연결되어 있으니 실내에 혼자 있는 것도 아닙니다. 가족이라는 것이, 집이라는 것이 별다른 의미를 주지 못하는 시대입니다. 자신의 존재 이유를 규명해보려 하지만 결정적인 단서를 좀처럼 찾기 어려운 상황입니다.

나를 둘러싼 주변의 그 어떤 것도 의미를 부여해 주지 않습니다. 스스로 의미를 찾아야 합니다. 모티베이션이 될 만한 요인이 나타나기를 기다리기 보다는 직접 만들어 나가야 하는 것입니다.

: 3 :

발을 떼어놓아야
비로소 선택의 길이 열린다

Q

나의 모든 문제는 세상의 책임이라는 생각
이 드나요?

이 질문은 스스로의
선택을 계속 미루기만 했느냐고 묻는 것과 같습니다. 이런 질문에 '그
렇다'라고 답하는 젊은이들을 비난할 수는 없습니다. 사실 고등학교에
진학할 때, "장래에 ○○이 되고 싶으니까 이 학교에 갈 거야."라며 선
택하는 사람은 거의 없습니다. 대학 진학시에도 마찬가집니다. 학교 점
수와 수능 점수에 의한 순위가 매겨지기 때문에 '이 정도면 이 학교' 하
는 식으로 학교를 선택합니다. 따라서 내가 선택하는 것처럼 보이지만
사실은 선택당하고 있는 겁니다.

더 슬픈 건 취직할 때입니다. 들어가고 싶은 기업이 있어도 실제로
그 기업에 취업하지 못하는 게 현실입니다. 그게 다 본인 탓이라고 할
수는 없습니다. 하지만 의외로 그렇게 받아들이는 사람이 많습니다.

"역시 거긴 무리였나? 할 수 없지, 아무 데나 가지 뭐. 저 회사는 내 정도로 갈 수 있으려나?" 하고 말입니다. 지명도가 낮은 대학의 학생은 "우리 대학으로는 이 정도밖에 갈 데가 없지."라며 체념합니다. 자기의 대학 수준에 어울린다고 생각하는 기업들을 정해 지원한 다음, 여러 회사에 합격이 되면 어느 회사로 갈지 고민하게 됩니다. 회사를 선택하는 기준이 정해져 있지 않기 때문이지요. '월급을 많이 주니까'라는 것도 아니고, '일하기 수월한 것 같으니까'라는 것도 아닙니다. 나와 맞을지 아닐지를 스스로 판단하지 못하는 겁니다. 일단 회사에 들어가고 나서야 비로소 '여기가 과연 나에게 적합한 직장일까?'라는 의문에 휩싸입니다. 실제로 일하기 시작하면서 선택의 기회를 맞게 되는 것이지요. '이 일이 정말 나에게 가장 적합한 것일까?' 혹은 '여기서 일하는 것이 무슨 의미가 있는 것일까?'라는 의문이 머리를 떠나지 않습니다.

세계 어디서나 첫 취직을 한 후 3년 안에 퇴직하는 비율이 아주 높다고 합니다. 일본의 경우 대졸 취업자의 31.1%, 전문대 졸업 취업자의 40.5%, 고졸 취업자의 40.4%, 중졸 취업자의 65%가 3년 안에 회사를 그만둡니다. 퇴사율이 가장 낮은 대졸인 경우만 해도 이 심각한 불황기임에도 불구하고 3명 중 한 명이 회사를 그만둡니다. 그것도 '일을 하고 싶은 사람'일수록 그렇다고 합니다.

한국의 경우엔, 2014년 통계에 의하면 대기업 취업에 성공했다 하더라도 4명 중 1명이, 1년 내에 사표를 쓴다고 합니다. 중소기업 취업자는 32%가 그만둡니다. 이처럼 목적을 이룬 것 같지만 사실은 아닐 수있는 경우가 너무 많습니다.

: 4 :

'해피'와 '럭키'의 차이

Q

프리랜서가 늘어나고 있는 현실에 대한 당신의 생각은?

과거엔 집이 자유로운 공간이 아니었습니다. 숨이 콱콱 막혔지요. 부모님으로부터 "그건 안 돼!" 혹은 "옆집 아이는 대기업에 취직했는데, 넌 중소기업도 못 들어가냐? 도대체 지금까지 뭘 한 거야?" 같은 소리를 들으면 자유를 찾아 집을 박차고 나가고 싶은 충동이 일곤 했었습니다.

하지만 요즘은 어떻습니까? 부모님도 그다지 자녀에게 간섭하지 않는, 아니 할 수 없는 추세입니다. 휴대전화가 있으니까 친구들에게 전화가 온다고 뭐라는 사람이 없습니다. 외박을 해도 야단맞지 않습니다.

일에 대해서도 마찬가집니다. "장래에 뭐가 되고 싶냐?"는 물음에 아이는 나름 각오를 하고 부모로서 동의하기 힘든 직업을 이야기해도, 전후 베이비 붐 세대의 엄마 아빠는 이해심이 너무 많아서 "그것도 하나의 방법이겠지" 하며 대부분 받아들여주니까요.

하지만 아이들 입장에서 보면 그런 반응에 오히려 맥이 빠집니다. 결국 '무엇을 해도 인생은 마찬가지'라는 인식을 심어주기 때문입니다. 즉 '결정적인 것은 아무것도 없다' 혹은 '중요한 것은 없다'라는 생각이 일어납니다.

패션fashion 분야에서 일하는 사람들은 특히 실감할 것입니다. 다들 알다시피 반년이면 유행이 바뀝니다. 따라서 이 분야 종사자들은 창의적 아이디어를 찾아내기 위해 밤낮을 가리지 않고 연구에 몰두합니다. 그러다가 새 것을 찾지 못하면 예전 것으로 복귀하기도 하지요.

따라서 우리는 모든 것이 다 흘러가 버린다는 것을 자연스럽게 터득하게 됩니다. 지금 아무리 세상으로부터 인정이나 사랑을 받는다 하더라도 얼마 못가 폐기되어 버린다는 것, 내가 혹은 다른 사람이 앉아 있는 자리가 다른 사람에게 넘어가게 된다는 것……. 그렇습니다……세상엔 '절대적'인 것은 없습니다.

이런 사회에서는 행복해피과 행운럭키을 구별하기 힘듭니다. 아니, 구별할 수 없게 된 것 같습니다.

우리는 집안이 좋은 아이들을 보면서 '역시 다르구나. 부모가 저 정도 되면 얼마나 좋을까!' 혹은 '어렸을 때부터 미국에 살아서 영어를 잘하구나' 하고 부러워합니다. 잘 나가는 주변 사람들을 보면서 "벤처 사업에 뛰어든다니 상당한 기술과 자본이 있네." 혹은 "자신의 장점을 살려 한 분야로만 밀고 나가는 것을 보면 강단이 보통 아냐." 혹은 "동경대학을 나왔다니 대단해!"라고 감탄만 합니다.

행복이란 다양한 경험, 심지어 불행한 일들도 겪으면서 어느 순간 내면 깊숙한 곳에서 느껴지는 희열 혹은 보람입니다. 따라서 행복은 남들과 비교할 수 없는 자신만의 것입니다. 그래서 남들이 보기엔 무척이나 행복할 것 같은 사람이 불행하다고 생각할 수 있는 반면, 평범한 생활을 하는 것처럼 보이는 사람이 행복해할 수도 있는 것입니다.

따라서 행운과 행복은 다른 것입니다. 행운이 왔다고 해서 반드시 행복한 것이 아니고 불운하다고 해서 반드시 불행하다는 느낌이 드는 것이 아닙니다. 최악의 경우엔, 일시적인 행운이 참으로 고약한 불행의 원인이 될 수도 있습니다. 인생은 새옹지마塞翁之馬라는 말이 괜히 생긴 것이 아닙니다.

그런데도 행운과 행복을 구별 못하는 사람들이 너무 많습니다. 무조건 "럭키!" 하면서 손가락으로 V사인을 만들어 보입니다. 점 같은 게 유행하는 것도 그래요. 동쪽으로 가면 불운할 것인데, 서쪽으로 가면 행운이 따른다는 말에 귀를 기울이지요.

이런 식으로 행운과 행복, 불운과 불행을 구분하지 못하는 삶을 이어가다보면, 아이는 어른이 되어도 몸만 커졌을 뿐 여전히 어린 정신 상태를 유지하게 됩니다. "저는 너무 불행해요. 어렸을 때 학대를 받아 큰 상처를 입었거든요."라며 타인에게 자신의 불행을 호소합니다.

학생들 리포트 안에서도 "타인에게 이야기할 수 있을 정도의 불행을 겪는 것이 오히려 멋져 보인다."라는 글을 발견하고 놀랐습니다. 어쩌면 불행의 호소는 남들이 감히 할 수 없는 일을 겪었다는 것을 자랑하고픈 마음도 포함되어 있을 수 있습니다.

사람은 자신의 모든 경험에서 나름대로의 의미를 찾으려는 경향이 있습니다. 비록 불운하고 불행한 것일지라도 의미가 있는 편이 아무것도 하지 않아 불행도 행복도 느끼지 못하는 삶보다는 낫다고 생각하는 것이지요. 그래야만 현재 처한 상황이 납득될 수 있으니까요.

삶의 의미를 찾고 싶을 때

: 5 :

자기실현을 추구한다고 해서
행복해지지 않는다

Q 저는 3년째 직장을 찾고 있는 청년입니다.
선생님 말씀대로라면 선택의 기로에 서 있
는 셈이지요. 좋아하는 일을 하면서 자기
실현하는 것이 이상적이라는 것을 알지만
어떻게 하는 것이 자기실현하는 방법인지
모르겠습니다.

                                                 사람들은 일을 하든
봉사를 하든 '자기실현'이란 단어를 자주 떠올리지요. 저는 거기에 의
문이 좀 생깁니다. '자기실현'이 인간을 그다지 행복하게 만들어주는
거 같지는 않거든요.

  이유는 두 가지입니다. 첫 번째 이유는, 자기실현이라는 단계에 오
르는 것이 걱정스럽기 때문입니다. '또 다른 내가' 되는 것이라면 몰라
도 단어가 의미하는 대로 '자기가 실현'된다면 좀 두려울 거 같아서예

요. 저는 오히려 빨리 '내가 아닌 나'가 되고 싶거든요.

모두들 지금 자신의 어딘가에 불만이 있다고 해야 할까, 지금의 처한 상태가 마음 편하지 않는 모양인데, 그렇다고 변하고 싶은 욕구를 어찌하여 '자기실현'이라는 방향으로 끌고 가려고 하는지 모르겠어요.

두 번째 이유는, 자기실현의 '실현'이라는 개념을 제대로 이해하고 있는지에 대한 우려 때문입니다. 무언가 멀리 목표를 설정하고, 그 목표를 향해 가기 위해서는 지금 무엇을 하면 좋을까 생각하기 마련입니다. 그렇게 되면 지금 하고 있는 일이 장래의 무언가를 실현하기 위한 단순한 수단이 되고 맙니다.

지금 하고 있는 일이 그 목표(어떤 일을 하는 이유)를 달성하기 위한 목적에 불과하게 되면 충실감을 느끼기 힘들어집니다. 목적(목표를 달성하기 위한 구체적인 일)이라는 개념 때문에 겨우 하는 것일 뿐, 목표가 사라져버리면 갑자기 그 일의 의미를 잃게 되죠.

다시 말해서, '지금 없는 것'을 위해 '지금 있는 것'에 의미를 두는 것인데요. 목적 그 자체에 의미가 있는 것이 아니라, 어떤 목표를 위해 필요하다는 뜻이지요. 그렇게 생각하면 너무 공허하지 않습니까? 요즘 유행하는 노래 중에도 "시간 제약 없는 노력 같은 건 할 수가 없어."라는 가사가 있더군요.

삶의 의미를 찾고 싶을 때

: 6 :

일중독 인간이
더 불행하다

Q 목표가 없으면 더 허무하지 않을까요?

정년이 되어 약해지
는 것은 대개 성실한 사람입니다. 목표를 설정하고 그것을 향하여 전부
를 받쳐온 사람, 즉 자기실현을 꿈꾸며 달려온 사람들이죠.

목표를 하나 정한 다음, 그 목표를 달성하기 위한 일에 모든 의미를
두어왔던 사람은 정년을 맞아 목표가 없어지는 순간 와르르 무너지고
맙니다.

목표를 향해 노력해왔고 자신도 실력을 쌓아왔다고 생각했는데, 그
것은 사실 자신만의 착각이었음을 깨닫게 되기 때문입니다. 지금까지
노력해온 모든 것이 실은 회사의 실력일 뿐, 명함을 잃은 순간부터 그
저 아무것도 아닌 나로 전락해 버리기 때문입니다.

가족이나 친구 관계, 지역에서의 활동 같은 것은 전부 제쳐두고 '지
금은 무엇보다 일이 중요하다'며 전력을 다해서 달려왔기 때문에 회사

가 곧 그의 아이덴티티가 되었던 것입니다. 따라서 목표가 갑자기 없어지면 아이덴티티의 근거마저 사라져서 흔들리는 것이지요.

주부는 조금 달라서, 이 동요가 좀 더 빨리 옵니다.

남편이 목표를 향해 달려 나가며 필사적으로 일하고 있는 사이, 아내들은 육아의 책임을 혼자 끌어안고 갖은 스트레스에 시달립니다. 육아가 끝났다 싶으면 갱년기에 접어듭니다. 그리고 이번에는 시부모나 자신의 부모를 간병하는 일이 맡겨지지요. 남편도 아이들도 밖으로만 나돌아 외톨이가 된 아내들은 친구를 만들기 위해 동호회나 문화센터로 발길을 옮기지만, 그것만으로는 자신이 '사회'와 연결되었다는 느낌이 들지 않습니다.

극단적으로 말해서, 무엇이 되었건 상관없는 일, 해도 안 해도 되는 일 정도의 하찮은 것 들로 '사회'와 연결되어 있기 때문에 "대체 내 인생은 뭐였던 거지?"라는 생각에 빠지기 쉽습니다. 남편이 '직장을 옮길까 말까' 고민하는 것과 마찬가지일 겁니다.

단지 주부는 이렇게 고민을 하면서도 결국에는 자신을 바로 추스립니다. 즉 견실해지는 것이지요.

그런 까닭에 자신의 아이덴티티를 위탁할 장소가 없어진 남편에게는 옆에 있는 아내가 아주 강해 보이는 겁니다. '젖은 나뭇잎'이라고 불릴 정도로 어디를 가든 부인에게 착 달라붙어 다니게 되는 것이지요. 직장에서 '이 사람에게 붙어 있으면 아이덴티티를 유지할 수 있을 것'이라고 생각했던 습관 그대로 말이죠.

이런 사람들에 비해 젊었을 때부터 꽤나 설렁설렁했던 사람, 예를 들어 회사 근무 중에도 영업을 나간다고 하면서 영화를 보러 다니거나 5시면 칼퇴근을 하여 오토바이 동호회 같은 데서 놀던 사람은 정년을 맞아도 동요하는 일이 없습니다. 마음을 정리하는 것도 빨라서 다른 인생으로 갈아타는 것이 그리 어렵지 않습니다.

즉 놀던 사람이 오히려 단단해서 한 번에 툭 하고 꺾이는 일이 없습니다. 쇠파이프 하나보다 바늘 한 꾸러미가 더 강하다는 이치이지요. 남들에게는 닥치는 대로 사는 것처럼 보일지 몰라도, 바늘 한 개가 빠졌다고 무너지지는 않으니까요.

목표가 전혀 없는 인생도 공허하겠지만, 목표가 하나밖에 없는 인생에게도 슬픈 결말만이 기다리고 있는 것입니다.

: 7 :

목표는
많을수록 좋다

Q

자기실현을 목표로 하면 행복해질 수 없다
는 뜻입니까?

이곳에서 저곳까지
의 길을 만들 때, 근대 사회는 가장 가까운 거리만을 계산하여 만들어
왔습니다. 산이 있으면 터널을 뚫고, 강이 있으면 그 위에 철교를 놓았
지요. 가능한 가장 빨리 그곳에 도착하기 위한 최단 거리를 선택했습니
다. 누구도 산기슭을 따라, 혹은 강의 흐름을 따라 길을 만들자는 생각
을 하지 않았습니다.

자기실현도 이와 마찬가지입니다. 목표를 설정하면 그것을 실현하
기 위해 가장 빠른 길을 택하려고 합니다. 하지만 샛길도 없는 일직선
의 길이라는 것 자체가 공허하지 않습니까?

가라키 준조唐木順三라는 철학자는 자신이 사는 지역에 위치한 국제
학교가 스쿨버스 제도를 도입하는 것을 안타깝게 생각했다고 합니다.

왜냐하면 아이들에게는 학교와 집을 어슬렁거리며 오가는 것이 무엇보다 큰 즐거움이기 때문이죠. 작은 골목길에서 장난을 치기도 하고, 동물을 쫓기도 하고, 가끔은 싸움질도 하면서 말입니다. 그래서 학교에서는 크게 칭찬받을 일이 없는 장난꾸러기라도 통학길에서는 대장노릇을 할 수 있었던 것이지요. 이처럼 집과 학교 사이의 길은 자신의 위치를 바꿀 수 있는 놀이터가 되어주었던 겁니다.

하지만 집과 학교를 버스로 통학하게 되면 학교에서의 자신의 위치가 그대로 인생의 위치가 되고 맙니다. 장소의 목적과 관계없는 다양한 상황을 접할 기회가 없어지니까요.

자기실현이란 지금의 자신이 생각하고 있는 목표를 설정하는 것입니다. 즉 지금의 자신이 보이는 범위 내에서 목표를 설정하고, 그 목표에 의미를 두는 것인데, 지금의 자신에게 보이는 목표라는 게 너무 빈약하다고 생각지 않습니까?

실제로 무언가 하다 보면 목표라는 건 바뀌기 마련입니다. 누군가와 만나서 '아, 저런 삶의 방식도 있었구나'라든가 '그런 게 중요한 거지'라는 혼잣말이 나올 때가 있습니다.

처음에는 자신의 시야에 없었던 새로운 목표가 생기기도 합니다. 목

어슬렁거리며 걷기

프랑스 사상가 미셸 세르Michel Serres는 〈어슬렁거리며 걷는 것〉을 통해 감성교육이 이루어질 수 있다고 믿었다.

5분 만에 답을 찾는 모든 심리 연구소

표란 그런 겁니다. 그렇게 끊임없이 변해가는 것이지요. 즉, 무조건 지금의 목표만을 앞세우며 '이것뿐이야!'라고 생각하는 것은 오히려 자신을 움츠리게 만드는 꼴이 된다는 말입니다.

삶의 의미를 찾고 싶을 때

: 8 :

하고 싶은 일과
해야 할 일

Q

자기실현에 앞서 '내가 정말로 하고 싶은
것이 무엇인지?' '나에게 가장 적합한 분야
가 무엇인지?' 몰라 고민됩니다.

글쎄요, 결론부터 말

하자면, 그런 고민에 빠져 있다 해서 '하고 싶은 일'이나 '나에게 가장
적합한 일'이 저절로 생기는 건 아닙니다.

누군가가 당신에게 "지금 하고 싶은 일이 뭐냐?"고 묻는다면, 십중
팔구 '현재 하지 못하는 일'들이 떠오르기 마련입니다. '좀 더 놀고 싶
다든지' 혹은 '자유 시간이 더 필요하다든지' 하는 바람 같은 것 말입
니다.

하지만 "당신의 인생에서 어떤 직업을 택할 것인가?" 하고 묻는다
면 좀처럼 대답하지 못하죠. 왜냐하면 지금까지 해온 일이 '하고 싶어
서 한 것인지' 아니면 '해야만 했기 때문에 한 것인지'를 구별할 수 없

기 때문입니다.

우리는 "내가 해온 일은 의미가 없어." 혹은 "내가 아니더라도 회사는 잘 돌아가. 그러니까 나는 그만둘 거야." 같은 말들을 버릇처럼 자주 합니다. 이런 현상은 일의 의미를 자신이 하고 싶은 일과의 관계에서만 생각하기 때문에 벌어지는 결과입니다.

그리고 일을 하면서 결과가 보이지 않는 것이 힘들다고 말하는 사람이 많은데, 그는 '내가 하는 일이 남들에게 어떤 의미가 있는가?'라는 관점에서 바라보기 때문입니다. 인간은 말로는 "일 그 자체에서 보람을 느끼고 싶다"면서도, 실제적으로는 '남들에게 의미가 있는 일'이래야 별로 힘들게 느끼지 않습니다. 하지만 자기가 좋아하는 일만 하고서 살 수 없는 것이 인생입니다. 그 어떤 일에서도 보람을 느낄 수 있어야 하는 것이지요.

따라서 행동의 의미를 '하고 싶은 일'과 '하고 싶지 않은 일'로 구분 짓는 것, 즉 일을 자신의 욕망 혹은 의욕과 관련지어 생각하지 말아야 합니다.

: 9 :

누구를 위한 일?

Q

정말 하기 싫은 일이라도 의미가 있으면
할 수 있다는 겁니까?

그렇지요. 아무리 힘
들고 어려운 일이라도 말이죠. 예를 들어서, 주부들은 '왜 매일 표시도
안 나는 똑같은 일을 반복해야만 하나?'라는 의문을 갖습니다.

실제로 갓난아기를 키울 때 100%의 기쁨만으로 아기를 대하는 엄
마는 거의 없습니다. 하루 종일 아이에게 시달리며 집 밖에 나가지도
못하고 자유로운 시간도 가질 수 없으니까요.

어떤 어머니로부터 "아이가 다 컸을 때 내가 용케도 이 아이를 죽이
지 않고 키워냈구나 싶은 생각이 들더군요."라는 술회를 들은 적이 있
습니다.

하지만 같은 일을 반복해도 '지금 내가 여기에 있는 것이 이 아이에
겐 큰 의미가 있는 거야'라고 생각하는 사람은 행복할 수밖에 없습니

다. 집안일도 마찬가지예요. '내 아이를 위해서', '그이를 위해서'라고 생각하면 하나도 불행하지 않습니다. 그렇게 생각하지 않고 집안일을 계속하다 보면 '왜 나만 이런 일을 해야 하는 거야?' 싶은 짜증이 나는 겁니다.

마찬가지로, 어떤 일이든 단순히 내가 하고 싶고 아니고의 문제가 아니라, 남들에게 정말 의미가 있는 일이라면 저절로 하게 되어 있습니다. 극단적인 예로 연애가 그렇습니다. '이 사람은 나 없으면 안 돼'라는 생각이 들면 어떤 일이라도 할 수 있습니다.

일도 마찬가지입니다. 가장 좋은 예가 자원봉사입니다. 회사에서는 될 수 있으면 힘들고 어려운 일, 지저분한 일은 꺼려하면서 자원봉사를 할 때는 오히려 그런 일들을 하고 싶어 하는 사람이 많습니다.

한신대지진이 일어났을 때가 그랬습니다. 한 정보회사 직원은 자신의 전공 분야에 맞는 사무적인 일이 맡겨졌음에도 불구하고 회사에 "현장에 보내주세요, 육체노동을 시켜주세요"라고 요구했다고 합니다. 벙커에서 기름이 유출되는 사고가 났을 때도 현장으로 보내 달라는 사람이 많았다고 합니다. 한겨울의 추위 속에서 어쩌면 목숨을 잃거나 부상을 당할 수 있는 위험한 작업이었음에도 말입니다.

이런 행위들에서 자신이 하는 일에 대한 의미를 직접 실감할 수 있기 때문이지요.

결국 '일의 보람'이라는 면에서 생각해 보면, 일의 진정한 기쁨은 하고 싶은 일을 한다거나 자기실현을 위한 '목표 설정' 자체와는 좀 거리가 있지 않나 싶습니다. 사람들은 모두 이 사회 안에서 자신이 하는 일이 다른 사람들에게 어떤 의미가 있는지 쉽게 알 수 있는 곳에 있고 싶어 합니다.

하지만 여기에 더하여, 일은 그 자체로서도 의미가 있어야 한다는 점을 강조하고자 합니다.

여성철학자 한나 아렌트Hannah Arendt는 《인간의 조건The Human Condition》이라는 책에서 노동의 동기動機에는 '미래의 목적을 위하여'와 '노동 그 자체를 위하여'라는 두 가지가 있다고 말했습니다.

일이 무언가 다른 행위를 위한 수단이 되어버리면 그 자체로의 의미가 없어지는 것입니다. 강조하건데, 일은 그 자체로 의미가 있는 것이지요. 예를 들어서, 주차장에서 일하는 주차요원은 어떤 차라도 후진으로 깔끔하게 주차시키는 것에 보람을 느낍니다. '이것이 내 특기야. 겨우 10미터 정도 운전하는 것이지만 회사나 고객에겐 필요한 일이야'라며 만족해하지요.

일이란 그런 겁니다.

: 10 :

관점을 바꾸다

Q
현대사회에선 일의 의미를 발견하는 것이 어렵습니다. 만족스럽지 못한 지금의 직장에서도 즐겁게 일할 수 있을까요?

인간은 연애를 참 좋아합니다. 텔레비전에는 온통 연애드라마가 휩쓸고 있고, 연애를 하고 싶다는 바람은 죽을 때까지 계속되는 거라 요양원에 가더라도 이성과의 만남에 마음이 설레지요.

왜 그럴까요? 그것은 연예가 그 누구도 내 자신을 대신할 수 없다는 것을 깨닫게 해주는 유일한 경험이기 때문입니다. 우리는 연예를 통해 "당신 밖에 없어"라는 말을 듣게 됩니다. 삼각 관계에서 선택받지 못한 쪽이 상처를 입는 것은 '내가 아니어도 상관없다'는 사실이 드러나기 때문입니다.

연애만 대체할 수 없는 경험을 제공하는 것이 아닙니다. 가족관계도 그렇습니다. 사춘기 때에는 가족이 지겨워져서 떨어져 나가려 합니다만, 하나의 빈자리가 가족에 미치는 영향을 통해 '나는 결코 대체되어질 수 없는 존재'라는 것을 인식하게 되면서 결코 가족으로부터 분리되어질 수 없게 되는 것이지요.

일할 때도 그렇습니다. 그 누구도 '나를 대신할 수 없다'는 확신이 들면, 그것만으로도 일할 의욕이 생기는 것이지요.

따라서 일의 기쁨을 생각할 때는, 앞에서도 이야기했지만 자기 자신만이 아니라, 다른 사람에게 어떤 의미가 있는가를 생각해야 합니다. '나는 누구인가?', '누가 나를 필요로 하는가?', '누가 나를 인정해주는가?'는 서로 연결되어 있습니다.

극단적인 예로, 유흥업소 종업원들 중에서도 쉽게 돈을 벌 목적으로 그런 곳에 나가는 사람들이 있지만, 또 무언가의 결핍감에서 벗어나기 위한 사람들도 있습니다. 포르노 배우 중에서도 촬영하는 동안에는 자신이 소중한 존재로 인정받는 것에서, 또는 상대 배우를 기쁘게 해주는 것에 만족감을 느껴 그 일을 하는 사람들이 있습니다.

일반 직장에서도 마찬가집니다. 상사로부터 "고맙다", "수고했다"라는 말을 들으면 '역시 내가 있어야 해'라는 생각이 들면서 일이 즐거워지지요. 꾀가 나서 하루 쉬고 싶을 때 이렇게 말해보십쇼. "내가 출근하지 않으면 내 동료들이 더 힘들어질 거야." 그렇다면, 몸을 일으켜 직장에 출근해야 할 의미가 생기지 않겠습니까?

: 11 :

후회하지 않을
이직을 위하여

Q

직장을 옮긴다면, 어떻게 해야 후회하지
않을 선택을 할 수 있을까요?

직장을 옮기기 전, 먼
저 현재의 직장에서 자신이 무엇을 할 수 있는지 충분히 검토해보는 편
이 좋습니다. 상사와의 관계에 문제가 있다면, 정확히 어떤 부분에 문
제가 있는 것인지 짚고 넘어가야 합니다. 그래야 다른 회사에 가서 같
은 일로 문제가 생기지 않습니다. 그런 절차를 밟지 않고, 단순히 회사
를 옮기는 것은 의미가 없습니다.

문제가 된 부분에 직접 부딪쳐봄으로써 회사라는 조직 안에서 개인
이 할 수 있는 일이 어디까지인지 깨달아야 합니다. 그런 대립 없이 회
사를 바꾸면 다음 회사에서도 같은 일을 반복하게 됩니다. 그렇게 되면
그저 표류하는 것에 지나지 않습니다.

종신고용 상태에 있을 때는, 이직을 하면 경력에 흠집이 생기니까

직장에서 상사에게 저항을 해보기도 하고, 노동조합에 들어가 인사평가 기준을 고쳐달라거나, 환경정비를 요구하기도 했습니다. 요즘에는, 그렇게 내부에서 아옹다옹하느니 차라리 직장을 나와버리는 길을 택하는 사람이 많습니다. 싸울 정도라면 사표를 내면 그만이라는 생각인 게지요.

아까부터 제가 일과 연애를 오버랩하여 이야기하고 있는데, 그만큼 이 둘은 닮은 구석이 많다는 뜻입니다. 아옹다옹 싸우며 좋지 않은 기억이 생기거나 상처를 받는 관계라면, 더 깊어지기 전에 빨리 헤어지는 게 낫다고 생각하는 사람이 많지만, 연애라는 게 원래 사람을 상처주기 마련입니다. 그런 상처 하나 없는 행복이란 존재하지 않습니다.

대판 싸우고 결별하고 나서 "처음으로 속내를 털어났다!"고 말한다면 너무 슬프지 않습니까?

: 12 :

직장이 나에게 맞는지의
여부보다 만남이 중요하다

Q

일의 의미를 발견하는 법을 좀 더 상세하
게 가르쳐주세요.

의미란 다른 사람과
의 관계에서 찾아지는 것이기 때문에 개인적 잣대로는 잴 수 없는 것
입니다. 누구와 일을 하고 있는지, 누구로부터 인정받고 있는지……와
같은 요인들로 구성된 프리즘을 통해 보람도 발견할 수 있는 거 아닐
까요?

같은 직장에서 일하는 사람들이라도 누구와 일하는가에 따라 만족
감이 전혀 달라질 수 있습니다. 따라서 이 직장이 나에게 적합하냐를
따지기 전에 먼저 같이 일할 혹은 일하고 있는 사람(들)이 누구냐가 중
요합니다.

호리바堀場 제작소의 창업자인 호리바 마사오堀場雅夫 씨의 이야기를
들을 기회가 있었습니다. 그는 정말 독특한 사고를 하는 사람으로 교토

京都 대학 시절에 회사를 세웠습니다. 그는 초등학교 때 과학 선생님으로부터 위대한 과학자들의 이야기를 듣고 자신의 미래상이 떠올랐다고 합니다. 그런 인물이 '되고 싶다'는 욕망을 품으면서, 그 목표를 향해 매진할 수 있었다는 것이었지요. 그 선생님이 그런 말씀을 하지 않았다면 현재의 자신은 없었을 것이라는 말이었지요.

극작가 야마사키 마사카즈山崎正和 씨가 예술과 만난 것은 초등학교 시절을 보낸 만주였다고 합니다. 일본이 전쟁에 패하자 선생님들은 모두 일본으로 귀국해버리고 오직 일부 학생들만 남아 있었다고 합니다. 가르칠 사람이 없자 교사가 아닌 누군가가 고물 축음기를 들고 교실에 들어와 드보르 작의 〈신세계〉를 들려주었다고 합니다. 이를 통해 선생은 음악을 알게 되었고, 음악을 통해 얻은 영감을 글로 나타낼 수 있었던 것이지요. 인생은 이와 같은 체험을 통해 결정되는 것입니다.

얘기를 하다 보니, 좋고 싫은 것을 논하기 전에 '행복의 경험'이 우선되어져야 하는 것이 아닐까 라는 생각이 듭니다. 동물이나 인간은 행복했던 순간을 기억하고, 그 때를 반복하여 마주하고 싶은 욕망을 갖기 마련입니다.

: 13 :

행복을
실감하기란

Q

행복의 경험이란 건 무엇인가요?

어쩌고저쩌고, 죽어
야 당연한 듯이 말을 하면서도 사람은 살아들 갑니다. 의미가 없더라도
말입니다. 죽지 않고 사는 건 인생에서 한 번쯤은 행복이라는 것을 경
험했기 때문이 아닐까 싶습니다. 인간은 아기로 태어나 누군가의 보살
핌을 받으며 성장합니다. 어려움이 닥쳐도 좌절하기 보다 버티는 이유
는 그 보살핌을 받았을 때의 행복감을 다시 맛보고 싶기 때문인지 모릅
니다.

아기는 태어나는 순간부터 대개는 부모의 보살핌을 받습니다. 부모
가 없더라도 아기라는 이유만으로 성인의 보살핌을 받습니다. 무라카
미 류村上龍의 소설 〈코인로커 베이비즈〉에선 누군가가 동전사물함에
넣어둔 갓난아기가 육아시설에서 키워지는 과정이 서술되어 있습니다.

아무도 아기 때의 일은 기억하지 못합니다. 하지만 우리가 성인이

되어 존재하고 있다는 것은 우리가 갓난아기 때부터 보살핌을 받았다는 것을 말해주는 것입니다. 주변을 둘러보십시오. 갓난아기의 손을 잡고 가는 어른들이 보이고, 그 옆으로 지나가는 어른들이 보일 것입니다. 어른들은 예외없이 갓난아기들이었습니다. 인간은 아기였을 때 보살핌 받은 경험에 대한 행복감을 유지하기 위해, 재현하기 위해 죽음보다는 삶을 택하는 것입니다.

절망 속에서도, 인간이 인간에 대하여 마지막의 마지막까지 신뢰를 잃지 않을 수 있는 것은, 누군가가 아무런 조건 없이 자신을 먹여주고, 씻겨주고, 쓰다듬어주고, 얼러주고, 안아준 경험을 가지고 있기 때문입니다. 지금까지 살아오면서 아무리 배신을 많이 당해도 우리의 마음 한쪽 구석에는 사람에 대한 믿음이 조금은 남아있기 마련입니다. 그런 행복의 실감이 어딘가에 있기 때문에 인간은 살 수 있는 것입니다.

사람이 죽지 않고 사는 이유

"'죽는다는 것을 알면서 어떻게 인간은 살아갈 수 있을까?' 문학은 이런 근원적인 물음에 답을 내놓는다."
문학평론가 오야 에이코大宅英子 씨가 강연회에서 한 말인데, 인문 연구의 의미에 대한 서술 중에서 가장 설득력이 있는 주장입니다.

: 14 :

행복은 입으로
느낄 수 있다

Q

행복을 실감할 수 있는 순간이라는 것이
있습니까?

신체 부위 중에서 입
처럼 행복의 개념을 실감시켜 주는 곳도 없습니다. 여러 부분 혹은 방
법을 통해 행복을 느낄 수 있지만, 가장 직접적으로 느껴지는 곳이 바
로 입이기 때문입니다.

입에는 갖가지 기쁨들이 집중되어 있습니다. 위는 대체로 한두 가지
기쁨만을 느낄 수 있지만 입은 먹고, 마시고, 이야기하고, 웃고, 노래하
고, 키스하고…… 정말 많은 기능을 가지고 있습니다.

삶의 매 순간마다 입은 중요한 역할들을 이행합니다. 인간이 사는
기쁨이라고 하는 것들은 거의 대부분 입을 통해 느껴지는 것이지요. 음
식을 먹고 마시는 생리적인 기쁨, 대화를 하는 기쁨을 느끼고, 울거나
큰소리치는 등의 감정 표현을 나타내며, 키스나 애무 같은 사랑의 커뮤

니케이션도 입으로 합니다.

이와는 반대로 입은 불행의 개념을 전달하는 곳이기도 합니다. 불행해지면 음식을 먹지 못합니다. 다른 사람과 말할 기분도 안 나고, 말도 나오지 않습니다. 사람의 살결이 그립거나 입으로 애무하고 싶지도 않습니다.

이처럼 입은 정말로 대단히 중요한 기관입니다. 인간의 행복이 집중되어 있지만, 먹지도 못하고, 숨도 못 쉬고, 말 한마디 하지 못하는 것만큼 불행한 일이 없다는 점에서 불행도 집중되어 있다고 할 수 있습니다.

먹는다는 것

'식食'에 관하여 깊이 생각할 수 있는 소설 〈임신 캘린더〉(김난주 역, 현대문학)를 추천합니다. 고가와 요코小川洋子가 쓴 이 작품은 아쿠타가와 상 수상작으로 자신이 처한 상황을 제대로 받아들이지 못하는 현상을 식물의 물컹한 질감, 부엌 냄새에 대한 위화감을 통해 숨이 막힐 듯한 필치로 그려내고 있습니다.

'나'라는 것

내가 나라는 것을 처음 의식한 것은 언제였던가. 확실하게는 기억나지 않는다. 몇 가지가 떠오르지만, 그중에서 가장 오래된 기억이 어떤 것인지는 잘 모르겠다. 내 생일은 엄마의 뱃속에서 밖으로 나온 날이지만, 그날의 일에 대해선 아무것도 모른다. 어느 날 몇 시에 어디서 태어났고, 그날에 무슨 일이 있었는지를 주변 사람들에게 들었을 뿐이다.

내게 있어서 나, 즉 내가 의식하고 있는 내 자신이 대체 언제 어떤 형태로 태어났었는가는 안갯속에 묻힌 듯 알 수가 없다.

나라는 것이 언제 어떤 형태로 출현했는지도 잘 알지 못하면서 우리들은 자기 자신에 대해 꽤나 집착한다. 남에게는 있는데 나에게는 없는 것, 반대로 나에게만 있고 남에게는 없는 것에 아주 민감하다. 내가 주변에서 제대로 평가받고 있는지 아닌지에 무척이나 신경을 쓴다.

어린 시절엔 부모에게 받은 사탕의 개수나 주스의 양이 다른 형제들과 같은지 살핀다. 학교에서도 성적이나 운동 능력, 용모 따위가 다른 친구들에 비해 떨어지면 침울해지곤 한다. 곤충을 잡아도 뭔가를 만들어도 "이거 내가 잡은 거야.", "이건 내가 만든 거야." 하며 내가 한 것이라는 사실을 강조한다. 어른이 되어도 동기로 입사한 사람이 자기보다 먼저 과장이 되거나 하면 내심 조바심이 나서 견디기 힘들어진다.

이러한 일들이 반복되는 사이, 언제나 다른 사람과 나를 비교하는 생활이 점점 허무해지게 된다. 타인과의 차이, 타인과의 우열만을 신경 쓰는 생활 안에만 있다 보니, 진짜 나라는 것이 보이지 않게 되는 건 아닐까 하며 점차 불안해진다.

이렇게 해서 나란 대체 무엇인지, 정말로 나다운 삶이란 어떤 것인지를 다시 생각하게 된다. 나만이 가지고 있는 것, 나만의 개성을 중요시 여기자고 생각하게 되는 것이다. 뭐든 열심히 하는 것, 다른 사람에게 배려심이 있는 것, 암기나 계산이 뛰어난 것, 손재주가 있는 것, 몸이 날랜 편인 것, 축구를 잘하는 것…….

뭔가를 발견하면 좋지만, 그것이 쉽게 찾아지지 않는다. 겨우 하나 찾아도 나보다 잘하는 사람은 얼마든지 있으니까 딱히 내 개성이라고 주장할 만한 게 없다. 그래서 아무것도 아닌 나에 대한 불안은 끊이질 않는다. 이 '나'라는 것, 누구도 대신할 수 없는 오직 '나'라는 것을 찾기 위해 우리들은 끊임없이 자신의 안을 들여다보지만, 아무리 자신 안에서 찾으려고 해도 무엇과도 바꿀 수 없는 '나'라는 존재는 좀처럼 보이지 않는다. 이렇게 해서 결국 다시 침울해지는 것이다.

자기 자신이 없다는 것은 확실히 슬픈 일이다. 남을 위해서 또는 남들만 신경을 쓰며 살다가 나이를 먹어서 어느 날 자신을 돌아보았을 때, '나'다운 것이라고 할 만한 게 아무것도 없다면 그것만큼 허망한 일도 없을 것이다. 우리가 24시간 내내 '나'를 의식하면서 사는 것도 아니고, 자고 있는 동안에는 '나'라는 의식도 없을 테지만, 그럼에도 불구하고, 때때로 '나'라는 것이 없다고 느껴지는 순간이 찾아와 우리를 괴롭힌다. 남녀노소를 불문하고 많은 사람이 각각의 장소에서 매일같이 그런 고통을 느끼고 있다.

하지만 여기에서 생각을 180도 바꾸어 보자. '나'다운 것이 무언지 자신의 개성을 찾는 대신에 내가 누군가에게는 의미가 있는 사람, 대신할 수 없는 사람이라고 생각해 보자. 물론 "당신이 좋아요"라든가 "당신이 없으면 너무 슬퍼요." 같은 말을 누군가에게 듣는 일은 그렇게 흔치 않을지도 모른다. 하지만 쑥쑥 커가는 당신을 보면서 행복을 느끼는 아저씨, 아줌마가 있을지 모른다. 당신이 매일 "오늘 기분은 어떠세요?" 하고 인사를 건네는 것만으로 기운을 차리는 이웃이 있을지 모른다. 당신이 매일 건네는 한마디 인사로 왕따를 당하는 반 친구가 학교에 올 용기를 낼지도 모른다. 이럴 때, 그 사람들에게 있어서 나는 적어도 무언가 의미 있는 존재다. 그것만으로 당신이 살아가는 의미가 있다.

아무도 대신할 수 없는 무엇을 가진 '나'를 찾는 일은, 내 안을 들여다보기만 해서는 좀처럼 발견할 수 없다. 그보다는 내가 지금 여기에 있다는 것이 누군가에게 어떠한 점에서 의미가 있는지를 생각하는 편이 낫다. 아무도 '나'를 대신할 수 없는 그 무언가는 내가 아니라 남들과의 관계에서 생겨나는 것이기 때문이다.

임무와 응답

여기에 세 종류의 사람들이 있다.

"우울 증세가 있네요" 하고 의사가 진단을 해도 "아니요, 우울증이에요" 하고 단언하는 환자들. 예전에는 진단서에 '우울증'이라고 쓰지 말아 달라고 부탁하는 환자들 탓에 힘들었다는 정신과의사가 요즘에는 '우울증'이라고 확실히 써 달라는 환자들이 많아서 힘들다고 한다. 병이라고 하면 환자는 우울한 마음을 스스로 극복하려고 발버둥치지 않아도 된다. 전문가가 치료해줄 테니까 그만큼 마음이 편안해지는 것이다.

교육과 의료 같은 소셜 서비스 현장에서는, 그 서비스가 붐비거나 질이 떨어지는 것처럼 보이면 구청에 달려가 맹렬한 비판을 쏟아내기만 하지, 스스로 해결하고자 나서지는 않는다. 요즘 되바라진 학생은, 수업이 재미없다고 "선생님이 잘못 가르친다"며 클레임을 건다고 한다.

끊임없이 변명을 늘어놓거나 반대로 유감이라며 사과하는 척만 하지 실제로는 그저 듣고 흘려버리는 공무원들도 있다. 얼굴에는 '내 책임이 아니다'라고 쓰여 있다. 이런 사람들은 책임이 자기 쪽으로 돌려지지 않도록 손을 쓰는 것 같다.

이 세 종류의 사람들은 맥락은 다르지만, 보기에 따라서는 거의 똑같다. '내 잘못이 아니야!'라는 포지션을 차지하려는 의도가 그렇다. 이 세 종류의 사람들은 아무도 나서서 책임을 지려고 하지 않는다.

책임

오바마 대통령의 연설로 되살아난 이 단어, 영어로는 responsibility라고 한다. 문자대로 해석하자면 대답할respond 용의가 있다는 뜻이 된다. 말할 것도 없이 누군가의 기대, 누군가의 호소에 대해서다. 사람으로서의 임무직업·사명는 calling, 누군가에게 부름을 받는다는 의미이다.

적어도 스스로 선택한 일을 '돈벌이'나 '근무'가 아니라 '임무'라고 생각하는 사람들은 한 번쯤은 가슴에 손을 얹고 물어보아야 할 것이다. '나는 대체 누구 쪽에 서서 일을 하는가?', '누구를 걱정하고 염려해야 하는가?' 라고.

이런 점에서 스페인 철학자 오르테가Ortega y Gasset에 의한 엘리트의 정의는 기발하다. 그에 의하면, 대중이란 '자기 이외의 어떤 평판에도 자기를 내맡기지 않는 것에 익숙한' 사람이며, 엘리트란 '자신을 넘어서는 우수한 하나의 규범에 주목하여 스스로 앞서서 그것에 봉사하려는 어쩔 수 없는 필연성을 안에 간직한' 사람이다. 그러고 보면 자신의 임무를 '공복公僕'이라고 칭하는 사람들이 있었다. 남들 몫까지 책임을 지고 침묵하며 일체 변명을 하지 않는, 그런 정치가와 경영자가 예전에는 당연한 듯이 있었다.

희망의 수정

학교는 사람이 사람으로서 성숙해지도록 가르치는 곳이다. '어른'이 되기 위해서 알아두어야 할 것, 익혀야 할 것들을 시행착오를 거치면서 몸에 익히는 트레이닝의 장소로써 설정된 곳이 학교인 것이다. 보호자란 아이들이 그런 시행착오를 거치며 배워 나가는 과정을 인내심을 가지고 지켜보아야 하기 때문에 '보호자'라고 불리는 거다.

그런데 지금의 학교는 아무래도 그 모습이 반대인 것 같다. 스스로 깨닫는 성숙의 시간을 교사도 보호자도 기다려주지 않는다. 쓸데없는 일을 허락하지 않고, 멀리 돌아가는 일도 허락하지 않고, 무엇보다 실패를 허락하지 않는다. 그리고는 반복하여 치러지는 '시험'을 통하여 아이들을 나누기나 하는 장소가 되어버렸다.

아이들에게 너무 기대를 하는 건지, 너무 기대를 안 하는 건지…….
어쩌면 둘 다인 걸까? 어느 쪽이든 지금 어른들은 너무 빨리 결말을 보고 싶어 한다.

마치 거기에 호응이라도 하듯 아이들도 자신을 너무 정당화하거나 전혀 정당화하지 않는다. 끊임없이 변명을 늘어놓거나 아무런 변명도 하지 않는다. 무언가 일이 잘 되지 않았을 때 아이들은 바로 "내가 잘 못해서 그런가 봐"라며 눈을 내리깔거나 반대로 "난 아무 잘못도 없어!" 하고 딱 잘라 부인한다.

어른이고 아이고 흑백을 가리는 것에만 정신이 팔려서 정도正道는 바라보지 않고 여유가 없다.

나는 친구이자 도쿄대학 경제학 교수인 겐다 유지玄田有史 씨에게 재미있는 이야기를 들었다. 프로야구 선수를 꿈꾸던 한 고교생이 2부 리그에서 프로선수 생활을 하다 잔디를 가꾸는 원예사로 전직했다고 한다. 그 계기는 실로 의외의 곳에서였다. 2부 리그에서 프로선수로 생활하면서도 실력이 늘지 않아 고민하고 있을 때 지인 하나가 그에게 물었다.

"왜 야구선수가 되려고 했어?"

그 단순한 물음에 중학교 시절 야구에 빠지기 시작했던 때의 야구장이 떠올랐고, 그 야구장 잔디의 감촉이 되살아났다. 그래서 그 감촉을 야구에 정진하는 후배들의 마음과 몸에 각인시켜주고 싶다는 마음에 잔디 가꾸는 길을 택했다고 한다. 말하자면 '희망의 수정'인 셈이다. 희망의 재건인 셈이다.

겐다 씨는 말했다. "2부 리그라는 게 그렇잖아요. 프로선수를 꿈꾸며 연마해오긴 했지만 결국 뜻하는 대로 되지는 않고…… 그런데도 프로선수가 되는 꿈을 버리지 못하는 사람들에게 마음의 결정을 내리고 결론을 짓게 만드는, 그런 장치인 거죠."

'결론짓게 만든다'는 말은 정말로 멋진 표현이다. 하나의 일이 끝나지 않으면 다음 단계로 넘어갈 수가 없기 때문이다. 한 사람과의 관계를 일단 끝맺지 않고서는 다른 사람과의 관계를 맺지 못하기 때문이다. 실연, 이혼, 가족 붕괴 또는 재생, 실직과 전직……. 인생은 일단락을 짓지 않고서는 앞으로 나아갈 수 없다.

희망이 없는 인생이란 있을 수 없다. 그리고 희망에는 이루어지거나 깨지는 두 가지의 선택만 있는 것이 아니다. 희망에는 재수정이라는 길도 있다. 아니 어쩌면, 끊임없이 자신의 희망을 수정하고 마음을 다잡으며 다른 길을 찾아가는 것이 인생은 아닐까?

개인의 아이덴티티란 '내가 나에게 이야기하며 들려주는 스토리'라고 말한 정신과의사가 있었는데, 인생이란 그렇게 끊임없이 스토리를 고쳐가는 과정인지도 모르겠다. 옛날 말로 '회심回心'이라고 해도 좋고, '인생을 리셋한다'고 해도 좋고, 요즘 세대의 취향에 맞게 '삶의 포맷을 바꾼다'고 표현해도 좋으리라.

chapter

02

아름다운 연애를
하고 싶을 때

: 1 :

먼저 무대에
서자

Q

첫 번째 가장 큰 고민은 이성에게 인기가
없단 거죠. 선생님께선 인기가 없어서 고
민해 보신 적 없으십니까?

Q

두 번째는 선생님께선 실연당하신 적도 없
으시죠? 선생님 같은 분은 인기 없다는 게
어떤 건지 이해 못하실 거예요.

　　　　　　　　　　　　　　첫 번째 질문에 대한
답으로, 이성에게 인기가 없어서 고민한 적은 없습니다(웃음). 그리고
무슨 그런 말씀을. 인기가 없다고 해서 그것 때문에 고민하지 않을 뿐
입니다. 스스로 단념할 수 있을 때까지 '절대 물러서지 않거든요'.

물러서지 않는다고 해서 자신이 있다거나 강한 의지가 있다는 뜻은 아닙니다. 오히려 상처뿐인 영광(?) 같은 거죠. 하지만 때론 그 상처가 상대를 움직이게도 합니다. 물론 아주 드문 경우지만요.

Q 남자들의 정성에 감동하는 여자들도 있지 만, 자칫 잘못하다가 스토커로 몰리기 십 상이에요.

사실 그런 부분이 어 렵지요(웃음). 상대의 마음을 사로잡기 위해, 작전을 세워서 착착 진행 하는 것 자체를 나쁜 쪽으로 생각하기도 하니까요. 인기 없다는 게 그 런 거예요. 인기 있는 사람은 같은 일을 해도 좋게 받아들이지만, 호감 이 없는 사람에게는 겁부터 먹으니까요(웃음).

이성을 사귀는데 있어서 가장 중요한 것은 진심입니다. 밀당을 염두 에 두면 이미 그 시점에서 패자가 될 수밖에 없는 것이지요. '이런 말을 하면 싫어하지 않을까?'라는 두려움 때문에 망설이면 다음 단계로 나 가지 못하게 됩니다. 그런 식으로라면 아무리 시간이 지나도 좋아질 리 없습니다.

왜냐하면 '나'와 '그녀' 또는 '그'라는 의식이 그 시간에 고정되어 있 기 때문입니다. 고정된 의식은 '그는 나를 어떻게 생각할까?' 혹은 '그 에게는 내가 Y보다 예쁘게 보일까?' 하는 식으로 누군가와 비교하게 합니다. 그것이 콤플렉스로 작용하여 앞으로 나아가지 못하게 하는 것이지요.

제대로 된 관계를 맺기 위해서는 상대와 내가 2인칭이 되어야만 합니다. '당신과 나'라는 위치에 서면 비교 따위는 아무런 의미가 없습니다. 제가 앞에서 언급한 '절대 물러서지 않는다'는, 2인칭의 관계를 맺는다는 뜻입니다.

댄스파티를 떠올려보면 쉽게 이해할 수 있습니다. 그곳에선 커플로 춤추는 그룹과 그것을 하염없이 바라보는 그룹이 있습니다. 바라보기만 하는 사람들은 '나도 내 짝이 있었으면……. 어떻게 하면 커플이 될 수 있을까?' 하고 그저 부러워하기만 합니다. 그러나 상대를 찾는 가장 빠른 방법은 일단 무대에 서는 것입니다. 그것도 혼자서.

그 어색한 언밸런스가 사람들의 시선을 끌게 하는 것이지요. 보고 있자니 가슴이 아프면서 '쟤, 왜 저러는 거야?'라는 의구심이 들게 되는 것이지요.

그중에는 자상하고 이해심이 있는 남자 혹은 여자가 있을 수 있습니다. 하지만 나쁜 마음으로 접근하려는 사람도 있을 수 있으니 조심해야 합니다. 그래서 무조건 다가오는 사람 모두를 받아들여선 안되는 것입니다. 마음에 내키지 않으면 거절하십시오.

하지만 이는 나중 생각할 문제입니다. 일단은 무대에 서는 것이 중요합니다. 그저 나의 작은 용기가 멋진 만남의 기회로 이어질 수도 있다는 것을 명심하십시오. 이는 먼저 '마음의 끌림'이 발생하더라도, 이를 행동화할 때만이 '2인칭으로 나아간다'는 뜻입니다.

자신의 외모에 만족하지 못하는 대부분의 사람들은, 시도조차 해보지 않은 채 이렇게 반문할 수도 있습니다. "2인칭으로 다가서는 게 그렇게 쉬워요?"

여성들은 '먼저 무대로 나가라'라는 말을 믿지 않는 눈치지만, 남자들이 얼굴이나 스타일로 여자를 선택하는 것은 맨 처음뿐입니다. 아름다운 여성에게 끌리는 것은 사실이지만, 서로가 '당신과 나'라는 느낌을 나누는 사이가 되면, 즉 2인칭이 되는 그 순간부터 다른 여성과의 비교 따위는 하지 않게 됩니다.

남성의 경우도 마찬가집니다. 자신의 외모에 자신이 없다고 해서 앞으로 나가지 못하면 영영 여성과는 2인칭 관계를 맺을 수 없습니다. 여성도 남성의 외모에 관심을 두는 것은 마찬가지지만, 그보다는 남성의 성실성, 세상을 헤쳐 나가는 능력, 성격 등에 더 높은 가치를 두고 있습니다.

따라서 '곰보도 보조개'라는 말은 의외로 진리랍니다. 본인에게는 콤플렉스였던 부분이라도 상대방은 오히려 다른 이와 구별되는 바로 그 부분이 좋아지기도 하니까요. 얼굴이 비대칭이라든가 다리가 두껍다든가 가슴이 작아도, 그것은 그것대로 그 사람의 존재감이 됩니다.

'인기가 있냐 없냐?'를 따진다는 것은 아직 2인칭의 관계에 들어서지 않았다는 뜻이니, 연애가 하고 싶다면 당장 그런 걱정은 날려버리고 빨리 2인칭의 관계로 들어서야 할 것입니다.

희롱당하는 것이
연애의 묘미

Q

사랑을 하다보면 상대에게 너무 깊이 빠져
서 오히려 힘이 들기도 하는데요. 연애는
하고 싶은데, 그런 상황이 두려워서 누군
가 좋아지려는 마음을 억누르곤 합니다.

사랑을 하게 되면 물
론 어려움에 처해질 때도 있겠지요. 일을 해도 머릿속은 온통 그 사람
생각으로 가득할 테니까요. 하지만 그런 것이 바로 연애의 참맛이 아닐
까요? 예측할 수 없는 인간을 상대하는 것이니 때로는 희롱당하는 것
도 당연하지요. 데이트를 위한 약속이 바로 그 좋은 예입니다.

프랑스 사상가 알랭본명은 Emile Auguste Chartiere Chartier이 이런 말을 했습
니다.

"약속을 하고 나서 상대보다 먼저 그 장소에 가면 마음에 상처를 받
을 수 있다. 상대가 1분이라도 늦게 되면 '저 사람이 정말 나를 사랑하

는 것일까?'라는 의문이 들게 되고, 경우에 따라선 '저 사람은 나를 사랑하지 않아'라고 단정해버릴 수도 있다."

편지도 그렇습니다. 편지를 보내고 나서 답장이 없으면 안절부절 못하게 됩니다. 물론 그 엇갈린 시간이 행복을 주는 일도 있지만요.

보낸 편지에 답장이 안 오면 다시 한 번 편지를 보내며 초조해 하지만, 그러는 와중에 상대에게 답장이 오면 마치 기적이 일어난 듯 들뜹니다. 우연히 엇갈린 시간이 행복을 불러일으키는 겁니다.

연애라는 게 말하자면 사람과 사람의 만남에서 시작되는 것입니다. 모든 것이 우연의 연속입니다. 두 사람이 만나지 않으면 연애라는 건 일어나지 않으니까요. 그래서 연애는 운일 수 있는 겁니다.

그렇게 생각하면 기다리는 시간 혹은 엇갈린 시간은 연애하는 과정에서 기대감 혹은 절망감과 한데 어우러져 큰 행복감으로 피어나는 것인지 모릅니다.

행복감만 지속되는 연애는 묘미가 없습니다. 쓴맛이 동반되어야 즐거운 것이지요. 그런 의미에서 휴대전화의 등장으로 기다릴 필요가 없어진 요즘 세상이 어쩌면 불행한 것인지도 모릅니다.

Q

그런가요? 하지만 아직은 연애의 구렁텅
이에 빠지고 싶지 않거나, 부담이 없는 편
한 만남을 원하는 남녀가 많은 것도 사실
입니다.

그렇기는 합니다. 요
즘 젊은 사람들을 보고 있노라면, 서로 위하는 척 보이기는 해도 사랑
하거나 사랑받는 것에 대한 두려움이 확실히 느껴져 오니까요.

연인은 '좋아해'라고 말해주는, 즉 나를 있는 그대로 받아들여주는
사람을 필요로 하지요. 믿어주었으면 좋겠다든가 사랑받고 싶다든가
……. 하지만 그런 건 처음부터 받아들인다거나 어느 정도의 보증이
없으면 '사랑하지 않을 거야'라는 의지 표시이기도 합니다. 그런 것이
진정한 '사랑'이나 '믿음'은 아니지요.

'믿음'도 '사랑'도 자신의 모든 것을 걸어야 가능한 것입니다. 편한
연애를 한다고 행복해지는 것은 아닙니다.

행복이 존재하는 그 이면에는 언제나 같은 무게의 불행 또한 있을
수 있다는 사실을 알아야 합니다. 지금보다 행복한 상태를 원한다는 것
은, 반드시 이전보다 나빠질 가능성도 동시에 받아들인다는 뜻이기도
하니까요. 자신을 불확실한 장소로 내몬다는 뜻도 되는 것이지요.

알랭 〈정신과 정열에 관한 81장〉

어리석고 매력적인 연애에 관해서 설명한다. 철학자 알랭은 하찮은 현실에 상상이 더해져서 인간을 기만한다고 생각한다. 상상이 연애를 견고하게 하는 근원이라는 사실을 위트 있게 설명한다.

: 3 :

상처 입는 것에
의미가 있다

Q

그렇다면 연애에서는 상처 입는 것 또한
중요하다는 뜻입니까?

　　　　　　　　　　얼마 전에 큰스님 한
분을 뵙고 어느 사람의 천일회봉千日回峰: 100리 산길을 새벽에 출발하여 돌아오는 고
행으로 1년에 100일씩, 1,000일을 계속하는 수행법에 대해 들은 바 있었습니다. 부인을
자살로 잃은 어느 50대 남자였다고 합니다.

　천일회봉은 무시무시한 수행법입니다. 처음에는 방에 틀어박혀서
90시간 동안 자지도 쉬지도 않고 경을 외우며 걷습니다. 새끼줄로 만
든 의자에서 가수면假睡眠은 취하지만 식사는 걸으면서 합니다. 사느냐
죽느냐의 처절한 수행이지요. 마지막의 며칠간은 먹지도 자지도 않고
그저 경을 외웁니다. 물도 마시지 않는데, 하루에 단 한 번 우물에 물을
길러 갑니다. 그런 극한의 수행을 하기 때문인지, 그 사람은 전화 목소
리만 들어도 상대방의 기분뿐만 아니라 그 사람의 고민과 그 깊이까지

도 안다고 합니다.

그런 사람은 상대를 알면 아는 만큼 그만큼 배려합니다. 즉, 이해하게 되는 것이지요. 그래서 상대방을 아주 깊이 느낄 수 있는 것이지요.

Q

왠지 괴로운 연애도 매력적으로 느껴지는
군요.

아이들은 "난 햄버거가 좋아!", "난 크로켓이 좋아!" 하면서 야채나 쓴맛이 나는 것, 신맛이 나는 것은 잘 먹으려 들지 않습니다.

끝까지 그 편식이 계속된다면 그거야 또 나름대로 그 사람의 인생이겠지만, 대부분의 사람들은 도중에 다른 맛을 원하기 마련입니다. 그런데도 먹기 전부터 '이거 쓰면 어쩌지?'라는 두려움에 다시 햄버거로 돌아가는 사람도 많더군요.

그래서 하는 말인데요, 눈 딱 감고 일단 먹어볼 일입니다. 그러다 냄새 나고 고약한 맛, 예를 세계 악취 음식 1위를 자랑하는 수르스트뢰밍 소금에 절인 청어를 두 달 동안 발효시킨 뒤 통조림으로 만든 음식으로 통조림 안에서도 발효가 지속되어진다 이나 홍어회 같은 것을 먹다 불현듯 "우와~!" 하며 그 맛에 푹 빠져버릴 수도 있습니다. 눈이 번쩍 뜨이며 세계가 갑자기 다르게 보일 겁니다. 물론 입에 넣자마자 바로 토해낼 수도 있겠지만.

안정적으로 이미 맛을 알고 있는 식품만 먹으며 살 수도 있습니다.

누구 하나라도 맛이 이상하다고 거부하는 음식에는 일절 손을 대지 않고 사는 인생도 있을 겁니다. 하지만 나이를 먹은 다음에 어느 쪽이 행복할까를 가늠해본다면, 당연히 익숙하지 않은 음식에도 도전해온 삶이 그럴 것입니다. "이것도 먹어볼걸, 저것도 먹어볼걸." 하고 후회한다면 정말 씁쓸한 일 아닙니까?

미남미녀 커플이
없는 이유

Q

하지만 어떻게든 연애를 해보려고 해도
'좋은 남자'가 없다고들 하는데…….

주로 캐리어우먼들
이 그런 말들을 하지요. 아무리 시대가 변해도 남자들은 '여자는 집에
있어야지'라는 봉건적 사고에 뿌리 깊게 박혀 있습니다. 일도 연애도
놓치고 싶지 않은 현대 여성의 이상을 충족시켜 주는 남자는 사실 적을
지도 모릅니다. 그러니까 더더욱 다양한 방면으로 진출하고 관심을 가
져, 여성의 사회생활을 좋아할 만한 사람을 먼저 발견하는 수밖에 없는
겁니다.

이 부분에서 잠깐 짚고 넘어갑시다. 좋은 남자란 어떤 남자일까요?
연애라는 건 이상과 관계없는 차원에서 일어난다는 것을 먼저 말하고
자 합니다. 예를 들어 여배우라고 꼭 미남과 결혼하지는 않잖아요. 의
외로 '어떻게 저런 사람과?' 싶은 커플이 많잖습니까?

아름다운 여성은 누구나 떠받들어주니까 언제나 '이 사람은 나를 정말 생각해주는 걸까? 내 겉모습만 보고 이러는 건 아닐까?'라는 불안에 휩싸여 있는 경우가 많습니다.

옛날에 한 유명 여배우가 "감자같이 생긴 사람이 좋아요"라고 말했지요. 그때는 마음에도 없는 말을 한다는 느낌이 들었었는데 지금은 진심일 가능성이 높다는 판단이 드는군요. 그녀가 결혼한 상대가 의외로 미남이 아닌데다가 돈도 별로 많지 않은 일반 서민이었으니까요. 누구도 경계하지 않았고, 팬들도 질투의 대상으로 느끼지 않았던 사람이었습니다.

그 사람은 2인칭으로 갑자기 그녀의 마음속에 쑥 들어왔을 것입니다. 사랑이 만드는 우연의 기적이지요. 그래서 좋은 남자가 없다며 고개를 흔들던 사람이 갑자기 결혼발표를 해 주변을 놀라게 하기도 하는 겁니다. '뭐? 저 사람이랑?' 같은 느낌으로요.

: 5 :

맞선만큼 우연한
만남도 없다

Q

만남의 장으로 정보업체를 통한 맞선은 어
떻습니까?

선이든 연애든 우연
한 만남이라는 의미에서는 같습니다. 아름다운 연애를 할 가능성은 둘
다 똑같다는 말이지요. 배경을 보고 만나는 것이 맞선의 특징이지만,
그룹으로 미팅을 하는 것도 크게 다를 바 없습니다. 상대가 유명 기업
에 다닌다거나 직업이 무엇이냐는 정보를 미리 갖고 있고, 또 그에 따
른 계산이 이미 완료된 상태이지요. 대학동급생들끼리 결혼하는 것도
생활 스타일이 닮아서 왠지 심리적인 안정감이 있습니다.

다시 말하지만, 우연한 만남이라는 건 거의 없습니다. 해외여행을
갔다가 현지 사람과 사랑에 빠지는 것은 정말 우연한 만남이라 할 수
있겠네요. 그것도 어쩌면 '일류호텔에 근무하는 사람이니까 안심'이라
는 나름의 계산으로 상대를 택한 것인지도 모릅니다. 영어를 거의 못하

는 한 한국 여성은 비행기 옆 자리에 앉은 호주 변호사와 손짓 발짓으로 대화를 하다가 결혼하여 지금 호주에서 살고 있는데, 사실 그 여성은 남성의 신분에 관심이 많았습니다. 변호사라고 하니까 관심이 생겼던 것 같습니다. 남자는 광대뼈가 튀어나온 여자를 그렇게 좋아했는데, 그 여성이 그랬다는군요.

그래서 우연이라는 것은 없습니다. 사전에 아무런 정보도 없고 아무런 계산도 서 있지 않은 진짜 우연 말입니다.

연애할 능력이 없으니까 맞선을 본다고 생각하는 사람도 있겠지만, 연애결혼이라는 것도 따지고 보면 중매쟁이가 안 나오는 것일 뿐, 계산하고 자기들끼리 '선'을 보는 것이나 마찬가지입니다. 생각하기에 따라서는 우연성은 맞선을 보는 쪽이 높을 수도 있습니다. 어떤 사람이 나올지 상상이 안 되니까요. 어쩌다 들고 나간 사진 속 상대와 정말 결혼하게 된다면, 오히려 리스크가 커질 수 있습니다.

옛날처럼 사회 계층이 확실할 때는 선을 보는 것에 큰 위험이 없었지만, 요즘처럼 계층이 있는지 없는지도 모르겠는 사회에서는 맞선도 역시 큰 위험이 따릅니다. 그렇다면 오히려 적극적으로 선을 보는 것도 좋지 않을까요?

: 6 :

너무 완벽한 것도
좋지 않다

Q

여자들이 싫어하는 여자가 오히려 남자들
에게는 인기가 있는 것 같은데, 대체 왜 그
런 걸까요?

　　　　　　　　　　　　남자들은 몰려다니
는 여자들을 싫어합니다. 단순한 예로, 남자는 전철 안에서 여자가 혼
자 자기 무릎이나 손끝을 무심히 바라보는 제스처에 반하는 경우가 있
습니다. 물론 계속 바라보고 있다면 무서워지겠지만요(웃음).

　예전에 방영된 위스키 CM이 기억나는군요. 상사로 삼고 싶은 사
람 1위로 등극했던 중년의 탤런트가 출연한 프로그램 말입니다. 회사
의 회식이 끝나고 나서 모두들 2차를 가기 위해 둥그렇게 모여 있는데,
과장 역할을 한 그 연예인은 일행과 작별 인사를 하고 혼자만 쓸쓸하
게 돌아서 걸어갑니다. 그때 한 여직원이 따라오면서 이렇게 말하지요.
"저는 저렇게 떠들썩하게 노는 게 체질에 안 맞아요?" 두 사람이 함께

귀가하는 장면이 인상적이었습니다.

단념이나 부끄러움, 그런 쓸쓸함 저편에 있는 뭔가 알 수 없는 것에 사람은 매혹됩니다. 순수한 여인인지 창부인지 알 수 없는 아름다운 소녀에게 초로의 신사가 미친 듯 사랑에 빠지는 〈욕망의 모호한 대상That Obscure Object of Desire: 1977년, 프랑스 스페인 합작, 루이스 브뉘엘 감독〉 라는 영화도 있잖습니까? 인간은 "저 사람 뭐지?"라는 말이 나올 정도의, 정체불명의 존재에 마음이 끌립니다. 그러면서도 두려워하지요. 두려워하면서도 보고 싶은 마음, 즉 양면적인 마음이 문제인 것입니다.

너무 완벽한 것은 좋지 않습니다. 여성들이 오해하는 부분인데, 남자는 '100% 천상 여자' 스타일에는 매력을 느끼지 않습니다. 여자다운 헤어스타일을 하고, 화장을 하고, 귀걸이를 하고, 하늘하늘한 스커트를 입고, 하이힐을 신고……. 남자들은 의외로 이렇게 대놓고 '여자'인 부류에게는 잘 끌리지 않습니다.

게임 감각으로 말하자면, '100% 여자'라는 부류도 재미있을지 모릅니다. 남자와는 정반대의 생각을 갖는 부류로서의 재미, 남자로서는 상상도 못할 상상력을 가진 부류로서의 재미. 그러나 대부분의 남자들이 인간으로서 흥미를 갖는 여자는, 예를 들면 사람을 대하는 태도나 말씨는 부드러우면서 겉모습은 남성스럽다든지, 목소리가 남자 같다든지, 또는 제스처가 와일드하다든지 하는 언밸런스 타입입니다. 즉, 뭔가 알 수 없는 면을 가지고 있는 여자를 대할 때 남자들은 매력을 느낀다는 것이지요. 뭐랄까, 그 사람 안에 그 사람의 이미지를 반전시키는 무언가를 가지고 있는 느낌? 불균형이라 해야 할지, 언밸런스라 해야 할지,

하여튼 그러한 특성이 인간의 가장 깊은 매력 포인트입니다.

여성의 하이힐에 남자가 매혹당하는 것만 봐도 알 수 있습니다. 하이힐이 다리를 늘씬하게 보여주는 면도 있지만, 하이힐의 불안정성이 남자들의 시선을 끌어당기는 것입니다. 눈을 뗄 수가 없는 것이지요. 하이힐의 불안정성이야말로 기발한 유혹의 기술입니다.

그래서 여자들의 "나, 흔들리는 것 같아." 같은 말에 남자들이 동요하는 것이지요. 오히려 "나 애인이 갖고 싶어"라든가 "외로워" 같은 속삭임에는 끌리지 않습니다.

여자들도 그렇지 않나요? 예를 들어 무슨 일이든 척척 해내는 믿음직한 남성이라고만 생각했었는데, 그 사람이 실은 아이처럼 상처 입기 쉬운 면을 가지고 있다는 걸 알게 되는 순간 심장이 떨리잖아요. 반대로 부드럽고 고상한 남자라고 생각했었는데, 경우에 따라선 몸싸움이라도 할 수 있는 기력과 체력을 갖고 있다는 것을 알게 되면 그 사람이 듬직해보이는 것이지요.

프랑스 철학자 드니 디드로Denis Diderot가 "남자는 여자의 기형이요, 여자는 남자의 기형이다."라 말했다지만, 원래 인간의 내면적 측면에서 고찰해보자면 100% 남자도 100% 여자도 없는 것 아닐까요?

언밸런스

파스칼은 그의 저서 《팡세Pensées》를 통해 뒤죽박죽, 언밸런스, 불균형이 인간을 인간답게 하는 데에 본질적 역할을 한다는 것을 반복적으로 설명한다. 여기에서 《팡세》가 무슨 책인지에 대해 간략하게 설명하고자 한다.

"'벗어날 수 없는 윤리'가 아니라면 나는 신용할 수 없어." 젊은 시절 삼각관계로 고민했던 친구가 내게 한 말이다. 그 친구는 아마도 껍데기만 있는 윤리라도 역시 윤리라는 점을 강조하고 싶었던 것이리라. 시대를 초월한 견고한 윤리만을 신용하는 인간이기에, 그래서 오히려 형식적인 윤리에 얽매인 자신에 낭패감을 느꼈을 것이다.

너무나 '고전' 같아서 말하는 것도 쑥스럽지만, 지금까지 내가 책장을 넘긴 횟수가 제일 많았던 책이 바로 파스칼의 《팡세》다. 지금도 내 책상의 가장 쉽게 손이 가는 곳에 놓여 있다. 무엇이든 잘라 말하던 풋내기 20대 시절, 이 책은 단정 짓는 일은 너무 빨라도 너무 늦어도 안 된다는 사실을 내게 가르쳐주었다. '이성理性은 변질되기 쉬운 것'이라든가 '두 가지의 지나친 행위─이성理性을 배제하는 것, 이성理性만을 인정하는 것'과 같은 심오한 문장에 빠져들어 갑자기 성숙해졌다는 느낌마저 들었다. 반대로, "인간은 천사도 야수도 아니다. 불행 중에 천사의 흉내를 내려고 하면 야수가 되어버린다"라는 아이러니컬한 문장에서는 마음이 복잡해졌다. 인간이라는 존재의 불균형 혹은 뒤죽박죽, '나'라는 존재가 내포한 끝없는 우연성은 이따금 뼈에 사무치기도 했다.

인생에 있어선, '확실히 단정 짓는 추리정신'과 '언제까지고 단정 지을 수 없는 것' 사이의 아기자기한 감수성이 두 가지를 함께 가지고 있는 것이 중요하지 않을까? 그것들을 파스칼은 '기하학의 정신'과 '섬세한 정신'이라고 불렀다.

언밸런스는
최고의 매력

Q

언밸런스한 매력은 나이와 상관없이 통용
될까요?

이 원리는 할머니의
경우라도 먹힙니다. 나이를 먹어도 언밸런스한 매력을 지닌 사람은 꽤
있습니다. 겉모습은 할머니일지 몰라도 자아내는 분위기는 전혀 다를
수 있거든요.

젊은 사람들은 이를 성적 매력으로만 간주하는 경향이 있는데, 사실
은 그렇지 않습니다…… 사랑을 하면 예뻐진다는 말이 반드시 성적 매
력을 의미하는 것이 아닌 것처럼…….

삶의 방식은 한 가지 색으로만 칠해져 있는 것이 아닙니다. 따라서
다양한 인생에 대해 이야기를 나누는 것만으로도 흥미로울 수 있는 것
이지요.

Q

여성이 연하의 남자에게 끌리는 이유도
언밸런스와 관계가 있는 겁니까?

나이가 30에 가까운
여성이 외모는 천진난만하지만, 속은 꽉찬 스무 살 정도의 남자에게 매력을 느낄 수 있습니다. 의지하고픈 욕구가 드는 것이지요. 어린 외모와 내면적인 성숙 간의 언밸런스가 은근히 마음에 들기 때문입니다.

하지만 그저 순수함에 대한 동경뿐이라면 아마도 한때의 불장난으로 끝나지 사랑까지 이어지지는 않을 겁니다. 듬직한 것도 마찬가지죠. 의지할 수 있는 면만으로는 매력이 없죠. 양쪽이 다 갖추어져야 진정한 애정을 느끼게 되는 겁니다.

: 8 :

결혼은
행복일까

Q 결혼에 대해서 질문해보겠습니다. 결혼하
면 행복한가요? 결혼은 하는 편이 좋은 건
가요?

저는 결혼이란 좋고
나쁜 것이 아니라 선택의 문제라고 생각합니다. 좀 어려운 이야기가 될
수도 있겠지만, 현재의 노동환경을 생각해 봅시다. 앞으로의 사회는 취
업과 자원봉사가 공존하는, 예를 들면 요양사 같은 그레이존gray zone: 어느
영역에 속하는지 불분명한 중간지대에 있는 직종이 꾸준히 늘어날 겁니다. 종신고
용이 붕괴된 지금은, 수렵민족 시절처럼 사회 안에서 자신에게 유리한
포지션이 어떤 곳인지 파악하지 못하면 살아가기 힘들어질 것입니다.

즉, 살기 위해선 발 빠르게 회사나 직업을 바꾸는 것도 염두에 두어
야 한다는 말입니다. 여기엔 두 가지 삶의 방식이 적용되어집니다. 하
나는 베이스캠프가 버팀목이 되어줌으로써 모험을 할 수 있다는 타입

이고, 다른 하나는 베이스캠프를 오히려 무거운 짐 혹은 족쇄라 여기는 타입입니다.

전자처럼 베이스캠프가 필요한 부류에겐 결혼은 아주 중요합니다. 단, 무언가 자신이 생각한 직업에 가볍게 올라타는 타입이라면 베이스 캠프는 조촐한 편이 좋겠지요. 앞으로는 이런 부류가 늘어날 겁니다.

여성도 일하는 게 당연해진 요즘엔, 남자와 여자가 서로 포지션을 의식하지 않고 함께 생활하는 것이 중요합니다. 그렇게 되면 양쪽 다 일하기 쉬운 관계를 원하게 되니까, 기존의 결혼 방식을 망설이는 사람이 늘어날 테지요. 그렇더라도 마음의 안정이 필요할 테니 새로운 결혼 관계가 만들어질 것입니다.

Q

결혼생활을 생각하면 불안해집니다. 처음에는 좋을지 몰라도 시간이 지나면 싫증나지 않을까 싶거든요. 싫증나면 불행한 거 아닙니까?

파스칼은 '앙뉘ennui', 즉 '권태'가 인간의 본성이라고 말합니다. 싫증은 인간에게서 없어지지 않는 감정이죠. 사실 가장 싫증나는 건 자기 자신에 관한 부분입니다. 무언가 새로운 것을 하고 싶으면서 특정한 지역에 계속해서 있고 싶지 않은 마음…… 같은 것들이죠.

파스칼은 "자신의 내면에 존재하는 공허를 마주하고 싶지 않기 때문에 인간은 항상 정신을 분산시키려 한다"고 주장했습니다.

즉, 인간의 모든 시도는 기분전환을 위한 것이라는 말이죠. 노는 것은 물론 연애도, 일도……. 무언가에 열중하게 되면 자신의 내면을 들여다 볼 틈이 없기 때문이지요.

그렇다고 결혼생활을 기분전환 삼아 할 수는 없겠지요. 아무리 이혼율이 높아지는 추세라 해도, 결코 결혼을 가볍게 생각하는 사람은 없을 겁니다. 물론 결혼식은 기분전환이 될 수도 있겠죠. 하지만 결혼하면 자신과 가정이 일체가 되어버리니까 그야말로 권태, 가장 싫증나는 대상이 되는 겁니다. 그러나 그 싫증을 받아들일 수 있는 상태가 된 부부, 싫증나는 상태가 지속됨에도 불구하고 그런 부부 사이에선, 가벼움이나 지루함이 있어도 괜찮지 않을까요?

저는 나이가 들어서도 서로 "사랑해!"를 속삭이는 부부는 별로 좋아하지 않습니다. 오히려 시골 아줌마처럼, 남편에 대한 기대 따윈 이미 체념한 채, 말은 거침없이 해도 한편에서 묵묵히 서로를 지켜주는 관계가 좋습니다. 그런 관계야말로 싫증나는 것을 부정하는 것이 아니라, 싫증까지도 포용하는 단계가 아닐까요? 싫증 자체를 받아들인다고나 할까, 그런 관계가 저는 좋습니다. 그런 상태를 불행하다고는 말할 수 없으니까요.

: 9 :

카사노바와
돈 후안

Q
하지만 정말 만족할 만한 상대를 만날 수
는 없는 것일까요?

친구 중에 재미있는
연구를 하는 사람이 있어요. 카사노바와 돈 후안을 비교 연구하는 거예
요. 카사노바는 많은 여성들과 사랑을 나누잖아요? 그에게는 그 순간,
순간의 여성이 최고의 사랑입니다. 그 여성밖에 없는 거죠. 하지만 얼
마 못 가 파국을 맞고, 또 다시 다른 여성을 찾아 사랑에 빠집니다.

돈 후안의 경우는, 그 순간의 상대와 완전하게 불태우지 않는, 즉 미
련을 남기며 끝이 납니다. 왜냐하면 돈 후안에게는 이상적인 여성상이
라는 것이 있기 때문이죠. 그래서 여러 여성들과 연애를 하지만 끝내
만족하지 못합니다.

여러분이라면 어느 쪽을 택하시렵니까? 어느 쪽으로 더 마음이 쏠립
니까?

행복에 대한 우리의 기대가 이 두 가지의 연애 타입과 겹치는 것은 저만의 생각인가요? 일에 대해서도 마찬가지입니다. 일에 대해서, 우리는 양쪽 측면 모두에서 만족감이 지속되는 타입은 아닙니다.

돈 후안은 '나만이 할 수 있는 일이 있을 것'이라는 생각에 일단 여러 종류의 일에 도전해 보지만 '이게 아닌데, 이게 아닌데' 하면서 계속 꿈을 쫓는 사람입니다.

카사노바는 여러 종류의 일을 할 때마다 요령 있게 해내고 그 나름의 성과도 올리지만, 나중에 돌아보면 아무것도 남는 것이 없는 타입입니다.

자, 당신은 어느 쪽입니까?

연애, 연애, 연애

저녁 골든타임에 텔레비전을 켜면 온통 연예인을 중심으로 한 버라이어티이거나 트렌디 드라마뿐이다. 그래서 나는 뉴스 외에는 별로 텔레비전을 보지 않는다. 라디오를 안 들은 지는 벌써 오래되었다. 택시 운전기사에게 물으니 요즘은 음악방송조차도 연예인들의 수다에 시끄럽다고 한다.

트렌디 드라마는 또 어떤가? 장소만 바뀌었을 뿐 그저 연애, 연애, 연애. 연애증후군이라는 말이 있는데, 정말 모두들 그렇게 연애에 관심이 있는 건지 궁금하다. 세대를 막론하고 이렇게 모든 관심이 연애에 집중되어 있다면, 그건 좀 생각해 볼 문제가 아닌가 싶다. 두 가지 측면에서 보자면 말이다.

첫째, 연애하는 것이 일상이 되면 연애하지 않는 사람은 스스로를 마치 결핍된 인간인 듯 여기게 된다는 점이다. 진짜 연애를 해본 경험이 없다면 불안은 점점 커지고, 연애가 이미지로만 점점 부풀어지면서 초조함이 늘 마음 한쪽에 자리 잡게 된다.

성경험도 마찬가지다. 쾌락의 이미지가 너무 부풀려져 오히려 부담이 될 수도 있다. 어떻게든 빨리 해치워버리고 싶다고 생각하는 사춘기 소녀가 늘어나고 있다는 소리를 들은 적이 있다.

둘째, 현대인의 생활 속에 깔린 감정에 대한 우려이다. 사람들이 연애에 대해 이렇게까지 관심을 갖는 것은 역시 '외로움' 탓이 아닐까?

30년 전만 해도 사회에는 그 나름의 확실한 원근법이 있었다. 일단 가족 안에 싸여 있었고, 이웃이 있었고, 학교가 있었고, 지역사회라는 가깝고 먼 틀이 있었다.

지금은 그 원근이 없어진 것 같은 느낌이 든다. 가족이나 전화 혹은 인터넷 등으로 알게 된 미지의 사람들과 거리감을 느끼지 않고 관계를 맺는다. 익명의 사람에게 극도로 사적인 얘기를 하기도 하고, 일기를 인터넷에 공개하는 사람도 있다. 전화방에 전화를 거는 중학생도 있다.

사회에서 원근이 존재하지 않으면 우리는 '나는 누구?'라는 질문을 끊임없이 하게 된다. 그러나 사회적인 틀이 없는 '나'에게서 '누구'라는 답은 좀처럼 발견할 수 없다. 그래서 우리는 내 자신을 찾기 보다는 구체적인 누군가를 원한다. "당신을 원해.", "당신이 옆에 있어주면 좋겠어"라고 말하게 되는 것이다. 우리는 다른 사람들에게 자신이 어떤 의미인지를 확인하고 나서야 겨우 자신의 존재를 자각한다.

순애恂愛라는 단어는 관능적인 사랑의 반대적 입장인 정신적인 사랑을 의미했었다. 그러나 이제는 '사랑을 위해 모든 것을 바친다'는 의미보다는, 상대가 어떤 사회적 배경을 갖고 있든지 무조건 그 사람이 사랑하는 유일한 한 사람one and only이 되고 싶다는 마음을 의미하게 된 것 같다. 이런 개념에선 성애性愛도 배제되지 않는다.

결국 인생의 한 면만 보는 것과 다를 바 없다. 다양성을 존중해야 한다고들 말하지만, 현실적인 세상은 그저 단 한 가지 패턴의 행복 이미지만을 제공하고 있다. 학교에서도, 텔레비전에서도……. '저런 삶의 방식도 있지만 이런 삶의 방식도 있다'는 메시지가 너무나도 적다. 그저 겉으로 보이는 것만 중요해서 특정 이미지의 그 안쪽이나 다른 면을 보지 못한다. 그러니 어찌 겹쳐지는 부분까지 눈치챌 수 있겠는가!

열렬한 환영

며칠은커녕 단지 몇 시간 집을 비웠을 뿐인데 현관을 열자마자 '열렬한 환영'을 받는다. '어디 갔었던 거야!'라고 투정이라도 하듯 달려들고 주변을 맴돌며 한바탕 원망과 환영 섞인 애무로 내 혼을 빼놓는다.

연인의 이야기라고 생각하면 오산이다. 우리 집 강아지 이야기다. 자신이 누군가의 의식에서 중요한 존재로 우선시된다는 것만큼 감사한 일은 없다. 타인에게서 자신의 존재의 의미를 확인하는 것으로 인간은 자신의 위치를 명확하게 파악한다. 강아지의 '열렬한 환영'은 내게 그런 감각을 선물해준다. 강아지는 그런 의례를 한바탕 펼치고 나서 언제 그랬냐는 듯이 등을 보이고 자신의 세계로 돌아간다.

자신의 존재가 누구의 관심사도 아니라는 것을 알고 풀이 죽지 않을 사람은 없다. 원망을 사거나 미움 받는 게 괴롭다고 해도, 없는 사람 취급받는 것보다는 낫다.

내가 열정을 바치는 일로 다른 사람들의 인정을 받으면, 분명 동기 부여가 된다. 내가 하는 일에 지지하는 사람이 있다는 것은 적잖은 위안이 된다. 나의 존재가 타인으로부터 인정을 받기 때문이다.

하지만 누군가 나의 버팀목이 되어 주었다는 사실은 나중에 알려지는 것이 보통이다. 일을 시작하면서 지지해 줄 사람이 있으리라 기대할 수는 없다. 타인의 시선만을 신경 쓰다 보면 누군가가 지지해 주지 않으면 아무것도 할 수 없는 의존증에 빠질 위험이 있다.

연예가 극단적인 예이다. "당신이 없으면 살 수 없어!"라는 말은 '나'의 존재를 확고하게 만들어주지만, 그것은 바로 '당신이 옆에 없으면 아무것도 할 수 없다'는 의존의 표시일 뿐이다. 타인에게 관심을 가져 달라고 수동태로 기다리는 것은 꽤나 위험하다.

우리에게는 타인의 관심을 받는 것에 의해서가 아니라 오히려 타인에게 관심을 갖는 것으로 얻어지는 힘이 있다. 전철역에서 투신자살을 하려던 사람이라도 옆에 있던 사람이 갑자기 쓰러지려고 하면 바로 손을 내밀어 부축한다. 전혀 생각지도 않았던 힘이 타인을 통해 발산되어지는 것이다.

이쯤에서 생각나는 것이 간병 로봇이다. 간병인의 역할을 대신해서 환자를 극진히 보살펴주는 이 로봇은, 세세한 부분까지 정확하게 대처할 수 있어서 그 우수성을 평가받고 있었다.

그러나 최근에는 허술해서, 계속해서 실수를 연발하는 이상한 로봇을 개발하고 있다고 한다. 재미있는 것은, 전혀 믿음직스럽지 않은 로봇의 행동에 오히려 간호를 받아야 할 노인들이 몸을 일으켜 로봇을 보호하더란다.

　사람의 성정을 참으로 잘 파악한 장치라는 생각이 든다. 물론 필요 이상 계획적이란 생각이 드는 것도 사실이지만 말이다.

　'열렬히 환영'해 주면서도 그 의례가 끝나면 말붙일 엄두를 내지 못할 정도로 쌀쌀맞고, 상대하기 버거운 강아지가 내 옆에 있는 것이 얼마나 다행인지 모른다.

처방전 ❸

연애병?

1년에 몇 번, 문화 서클이나 체육회 등 학내의 학생 단체, 때로는 다른 대학의 자치회에서 인터뷰 요청을 받는다. 그때 꼭 받는 질문이 몇 개 있는데, 그중 가장 많은 것은 취직에 관한 것이고, 그 다음은 연애에 관한 것이다. 물론 나의 직업관이나 연애관을 묻는 것이 아니다. 취직활동과 연애에 관한 그들 각자의 고민에 대해서 나의 생각을 묻는다. 정치나 경제 동향에 관한 질문은 끼어들 자리가 없다.

취직 활동에 관한 고민, 구체적으로는 '나는 어떤 일에 어울릴까?', '나만이 할 수 있는 일이라는 게 있을까?' 같은 고민에 대해서는 앞에서 이야기했으니, 여기서는 '연애'에 관해서 이야기해 보고자 한다.

"대학 생활에서 아무래도 빼놓을 수 없는 것이 연애인데요……."

드디어 시작이다. 연애로 파생되는 문제에 대한 상담도 아니고, 제어할 수 없는 연애 감정에 관한 상담도 아니고, 연애를 하고 있지 않은 상태에 대한 막연한 불안에 대한 상담이다. 나는 이렇게 말한다.

"연애는 젊은이 고유의 것이 아닙니다. 연애라는 것은 오히려 나이가 들면 들수록 빼놓을 수 없는 것이지요. 자신이 누군가의 품 안에도 들어 있지 않다는 불안, 그리고 이것이 어쩌면 마지막 기회일지도 모른다는 초조감에서 연장자들은 연애에 목숨을 걸기 마련입니다."

그러면 "연애란 무언가 특별한 것입니까?" 하고 다그쳐 묻는다. 연애를 하고 안하고에 따라 인생에 큰 차이가 나는 것처럼 불안에 사로잡혀 있는 것 같다. 젊었을 때 연애 한두 번은 경험해봐야 한다는 강박관념에 사로잡혀 있는 듯하다.

나는 이렇게 대답한다.

"연애하는 것은 흔한 일이고, 연애하지 않는 것도 흔한 일입니다. 실제 연애는 하지 않고 상상만 하는 사람이 연애를 특별한 것이라고 생각하지 않을까요?"

"그렇다면 부딪쳐 깨지는 편이 좋다는 말씀이신가요?"

"좋고 나쁘다는 생각을 할 여유가 없는 것이 연애입니다. 연애는 어느 날 갑자기 들이닥치기 때문에, 하는 편이 좋은지 아닌지 같은 것은 그야말로 추상적이고 비현실적인 질문입니다."

납득을 한 건지 안 한 건지, 다음은 거의 체념한 질문이다.

"마지막으로 연애에 대해 고민하는 연애 초년병들에게 무언가 한마디 해주십시오."

"고민에 좀 더 자신을 내던져 보십시오. 집요하게 달라붙으란 말입니다!" 하는 말이 입안에 맴돌지만, 이 화제는 빨리 끝내는 게 좋을 것 같아 이렇게 대답한다.

"더 이상 해줄 말은 없습니다. 연애란 소용돌이에 휘말리지 않았다면 그건 그것대로 평온하니 좋고, 이미 소용돌이 속에 있다면 비비대기치면 그만인 거죠. 다만 연애를 해야만 한다는 강박관념에 휘둘리지 않도록 조심하는 게 좋겠지요."

영국의 소설가 서머싯 모옴W. Somerset Maugham이 1915년 발표한 《Of Human Bondage》라는 작품이 있다. 한국과 일본에선 《인간의 굴레》란 제목으로 번역되었다. 그러나 이것은 오역이 아닐까 싶다. 이 제목은 네덜란드의 철학자 스피노자의 《에티카Ethica: 윤리학》의 제4부의 타이틀 〈인간의 예종隷從 또는 감정의 힘에 대하여〉에서 따온 것이다. '예종'이란 '감정을 이끌거나 억제하는 것에 대한 인간의 무력'을 의미한다. 감정의 노예 상태에서 빠져 나오지 못하는 인간성이랄까, 업業을 'human bondage'라고 표현한 것이다. 어쨌든 인간에게 감정은 제어 불가능한 것이라는 의미다.

연애 감정도 마찬가지다. 그러나 학생들의 관심은 '연애의 감정'이 아니라 '연애에 관한 감정'이다. 그 차이는 엄청나다.

진짜 친구를 사귀고 싶을 때

: 1 :

메일이
불러일으키는 영향

Q
요즘은 휴대전화나 인터넷이 보급되어 커
뮤니케이션의 형태가 크게 변하고 있는데,
친구를 사귄다는 점에서는 어떤 영향이 있
을까요?

저도 요즘은 일할 때
메일을 이용하긴 합니다. 그래도 회의의 연락이나 자료를 참가자 전원
에게 단체메일로 보내는 것에 대해선 아직 거부감이 있습니다. 하지만
어떤 위원회에서 "자, 언제 언제까지 이 부분을 검토해보십시오"라든
가, "그것을 메일로 보내주십시오." 같은 메일이 하루에도 10건 이상
들어옵니다. 그런 메일은 일일이 읽지 못합니다.

Q

대학에서는 학생들이 메일로 질문을 보내고 교수들도 메일로 답하는 일이 늘어났다고 들었는데, 선생님의 경우는 어떻습니까?

확실히 편리하긴 하지요. 하지만 논점이라고 해야 하나, 질문의 의도가 확실하지 않은 경우가 꽤 많습니다. 무엇을 알고 싶은지 파악하기 힘든 질문을 받거나 엉뚱한 고민을 털어놓는 메일도 있습니다. 학생들 입장에서 보면 직접 선생의 얼굴을 대하지 않으니까 편한 건지, 평소에는 이야기하기 힘든 일들을 자연스럽게 써 보내더군요.

그런 종류의 투서는 얼굴이 보이지 않아서인지, 인간의 감정이 억제되지 않고 그대로 표출되는 경우가 많아서 실은 좀 불쾌한 경우도 있습니다.

: 2 :
메일과
편지의 차이

Q

그래도 메일이라는 게 '더 넓은 세상과의
만남'이라는 의미는 있지 않습니까?

저도 처음 메일을 접
했을 때는 아주 흠뻑 빠졌었지요. 메일로 주고받으면 오히려 억제라는
게 생길 거라고 생각했거든요. 편지나 마찬가지라고 생각했으니까요.
자신의 마음을 깊이 생각한 다음 전할 수 있을 거라고 생각했지요.

입이라는 수단은 순간의 생각을 바로 토해버리잖아요. 하지만 편지
나 메일은 자신의 마음을 정리해서 적을 수도 있고, 몇 번이고 다시 읽
은 다음 보낼 수 있으니까 훨씬 좋을 거라는 판단이었지요. 게다가 메
일은 편지에 비해 빠르게 전달할 수 있으니 아주 편리하기까지 하잖아
요?

질척거리지 않는다는 면에서는 확실히 메일이 좋지요. 사실 편지는
좀 무거운 느낌이 들 때도 있으니까요. 연인이 생겼을 때 처음부터 너

무 끈적끈적한 편지가 오면 오히려 뒷걸음치게 되잖아요? 그런 점에서 메일은 거리를 두기에는 아주 좋은 미디어일 수 있습니다.

하지만 어쩐된 일인지 그런 기대와는 달리, 메일을 이용하면서는 말을 그냥 흘려버리듯이 쓰고 있다는 느낌이 들어서 편리함 못지않게 부작용도 있다는 사실을 알게 되었습니다. 이건 아니지 않나 싶다고나 할까요?

편지라면 그렇게 되지는 않지요. 일단은 글씨가 다르지요. 힘이라고 해야 하나, 격한 감정이라고 해야 하나, 아무튼 자신의 마음을 다하여 써 내려간 것이 그 사람의 글씨에 다 나타나니까요. 그 사람의 글씨를 접하고 싶어서 편지가 간절해지기도 하는 거 같아요. 그런 의미에서 제게 편지는 피부 감각적이죠. 그래요, 마치 탁구와 같은 느낌입니다.

: 3 :

상상력을 파괴하는
휴대전화

Q

그럼 휴대전화는 어떤가요? 요즘 젊은이
들은 휴대전화 없이는 인간관계가 성립되
지 않을 정도까지 와 있는 것 같은데요.

아마도 휴대전화만
큼 인간의 환상이랄까, 상상력을 파괴하는 것도 없지 않을까 싶습니다.

휴대전화는 반드시 인간 관계를 변화시킵니다. 언제 어디서라도 상
대를 찾을 수 있게 되었지요. 그런 의미에서는 개인이 타인과 더욱 친
밀해질 수 있는 미디어라고는 생각합니다.

하지만 사람이 사람과 만나고 싶다거나 이야기를 나누고 싶을 때는
좀 더 애가 타는 뭔가가 있습니다. 그런 점에서 누군가에게 무언가 용
건이 있다는 것은, 지금보다는 좀 더 피부 감각적이었다는 것을 암시합
니다. 실제로 만나서 얼굴을 마주하고 이야기를 나누어야 했으니까요.
상대에게 용건을 전하고 이야기를 나누기 위해서는 상대를 찾아서 연

락을 취하고, 일정을 잡고, 만나기 전에 몸을 깨끗이 하고, 때로는 긴장되는 마음을 진정시키며 그 자리에 나갔습니다. 즉 상대를 만나기 위한 마음의 준비가 꽤나 두터웠던 셈이죠. 하지만 휴대전화가 나오고부터는 180도로 바뀌어버렸습니다.

연애를 예로 들어도 그렇습니다. 휴대전화가 없었던 시절, '기다림'이라는 것은 엄청난 상상력을 필요로 하는 시간이었습니다. 오늘 편지가 오지 않았다는 사실 하나로 '무슨 일이 있나?', '이젠 내가 싫어진 걸까?' 걱정하고, 혹은 '지난번에 한 그 말 때문에 마음이 바뀐 걸까?' 같은 생각이 망상처럼 부풀어 오릅니다.

그래서 편지를 주고받거나 데이트를 할 때 "거기서 만나!" 같은 약속은, 인간에게 기다림이라는 시간을 주는 중요한 역할을 했습니다. '기다림'이란 그 사람에 대한 기대랄까, 보고 싶은 마음을 한층 격양시켜주는 것이니까요. 먼저 도착한 사람은 상대방을 기다리는 사이, 그 장소에 상대가 없기 때문에 홀로 상상을 하며 아주 불행해지기도 하고 행복해지기도 합니다. 즉 기다림의 설렘이 시간에 따라 좌절로 바뀌기도 하는 겁니다. 그러다 실제로 만나면 선물을 사느라 늦었다는 사실을 알게 되고, 서운하고 우울했던 마음이 이번에는 180도로 바뀌어 나른한 행복감에 젖게 됩니다.

이러한 의미로 마음의 밀당이 있었던 것이지요.

옛날에는 연인의 편지를 기다리기 힘들어 자기 집 우편함을 몇 번이고 들여다보곤 했습니다. 편지를 부치고 상대에게 답장을 받기까지는 최소한 일주일이 걸립니다. 주고받는 것이니 편지를 쓴 다음에 그 반응을 알 수 있을 때까지 그 정도 걸린다는 말입니다. 결국 일주일이라는 시간 동안 북받쳐 오르는 마음이 그대로 다음의 편지에 드러나는 드라마가 만들어졌지요.

그런데 휴대전화가 생기고부터는 그런 드라마가 없어져 버렸습니다. "몇 시?" 하고 약속시간을 전하면 "10분 정도 늦을 것 같아. 지금 역 앞이야." 하고 상대에게 전화로 통보를 하고, 상대도 안절부절 못하며 기다리는 것이 아니라 '10분 정도면 잠깐 CD숍이라도 들러볼까?' 하며 기다릴 필요가 없어집니다.

이렇게 시간을 활용하게 되니 마음이 고무풍선처럼 부풀어 오르거나 쪼그라드는 일도 없어져서 상대를 향한 마음도 평면이 되어버립니다. 어쩔 수 없는 마음의 동요라든가 기다림에 지쳐 견딜 수 없는 절절한 마음이라는 게 없어졌습니다. 이처럼 연애의 핵심인 기다림의 상상력 자체가 의미를 상실하게 되면, 연애의 '아픔'이라는 부분이 없어지지 않을까요?

결혼해서 함께 살게 되면 '그녀는 지금 뭘 하고 있을까?'라든가 '그는 어떤 마음일까?' 하고 애를 끓이진 않잖아요. 그런데 결혼도 하기 전에 휴대전화 탓에 연애시절에서 권태기로 바로 넘어가버리는 건 아닐까요? 자잘한 일들까지 시시콜콜 끊임없이 알리다 보면 오랜만에 극적으로 만나는 느낌이 없어질 테니까요.

그러고 보니 휴대전화는 '인간을 불행하게 만드는 도구'라는 느낌마저 드네요.

: 4 :

애가 타는
느낌

Q

연애가 시시해졌다는 위기감은 편리함의

그림자에 가려지는 걸까요?

사실 휴대전화가 이

정도나 보급이 되었다는 것은 어떤 의미로는 필연적이라는 생각이 듭

니다. 편리하다는 면에서만이 아니라, 언제 어디에서든 상대와 이야기

할 수 있는 장치를 원하는 욕구가 이 사회 안에 가득 차 있었을 테니

까요.

무슨 말인고 하니, 옛날이었다면 연애도 그렇고 친구 관계에서도 마

찬가지로 상대는 집 안쪽에 있는 느낌이었어요. 집에 전화를 해서 부모

님이 받으시면 바꿔 달라고 말해야 했지요. 어떤 식으로든 상대에게 닿

기까지의 거리가 있어서 꽤나 긴장했었던 것도 사실입니다.

예전의 연애에서는 연인이라도 아직 인정받지 못한 사이라면 상대

의 집 근처에 가서 '2층, 아, 불이 켜져 있네, 들어왔구나' 하며 몰래 미

소 짓는 시간들이 있었지요.

지금이라면 스토커라고 불릴지도 모르지만, 제가 중학교 시절에는 우리 같은 까까머리들은 자기가 좋아하는 여학생이 있으면 그저 멍하니 서서 하염없이 여학생의 집을 바라보곤 했었습니다. '불이 켜져 있긴 한데, 뭘 하고 있을까? 목욕이라도 하려나?' 같은 상상을 하며 말이죠(웃음). 때로는 그 여학생이 버스 정류장에 나타나는 순간을 기다리기도 했지요. 시간이 지나도 그 여학생이 나타나지지 않으면 안타까움에 속이 타들어가면서도 '지금부터 100 셀 때까지만 기다리자!' 같은, 마치 미신에 기대듯 간절한 기다림의 순간들이 있었습니다.

Q

연애나 사람들과의 사귐에 따른 애타는 마음이 휴대전화라는 문화를 탄생시켰고, 그 애타는 마음이 없어지자 이번에는 마음의 설렘이 엷어졌다는 말씀이군요.

지금은 원하는 때 바로, 그것도 직접 연결되잖아요? 연인들끼리라도 부모님 목소리는 들은 적도 없는 경우가 많을 거예요. 상대방의 집 전화번호도 알고, 집에 있는 걸 알고 있어도 통화는 휴대전화로 하니까요.

조금 전에 휴대전화가 커뮤니케이션의 주역이 된 게 필연적이라고 했던 것은, 지금까지의 사회는 가정의 벽이 아주 높았기 때문입니다.

예전에는 남자와 여자가 사귀게 되면 둘만의 문제가 아니었어요. 서로의 가정에 존재하는 벽, 바로 그 벽을 넘어서려는 노력이 상당히 필요했습니다. 그 높고 단단한 벽에 절망한 사람들도 많았지요.

사실 자식들은 생각의 정도만 다를 뿐 모두들 하루라도 빨리 부모의 집에서 나와 혼자가 되고 싶어 합니다. 그런 상황에서 휴대전화라는 꿈만 같은 기계가 나타났으니 모두들 득달같이 달려들게 된 셈이지요.

: 5 :

인간관계의
쿠션

Q

그렇다면 휴대전화로 맺어진 '사람과 사람
의 관계'는 이제부터 어떻게 전개될까요?

의외라고 해야 할까,
오히려 휴대전화 세대에 부모를 생각하는 사람이 늘어난 것 같습니다.

그들에게는 가정이라는 벽이 없어진 만큼 우리 세대처럼 부모를 족
쇄라든가 장애라고 생각하지 않는 것 같아요. 자기는 별다른 장애 없이
좋아하는 것을 자유롭게 할 수 있으니, 가정은 또 그 나름대로 마음 편
하고 기분 좋은 장소로 남겨두고 싶어 합니다. 가족과의 알력 같은 불
필요한 트러블은 만들고 싶지 않다는 거죠.

이 말은 뒤집으면, 그만큼 가정이라는 틀이 반론이 필요 없을 정도
로 쇠약해졌다는 의미도 됩니다. 가정 외에도, 사회 안의 여러 가지 틀
들이 없어지고 있습니다. 이는 비단 휴대전화의 영향만은 아니지요.

예전부터 개인의 주변에는 틀이라고 할까, 베일이 몇 겹으로 둘러싸

여 있었지요. 가족의 베일, 지역의 베일, 직장의 베일 같은 것들 말이죠. 어렸을 때는 자신이 살고 있는 동네를 벗어나는 게 아주 두려운 일이었죠. 흔한 말로 조폭이 남의 구역에 들어간 느낌 같다고나 할까요? 동네는 개인을 속박하는 존재이기도 했지만, 한편으로는 같은 편으로써 지켜주는 근거지이기도 했습니다.

지금은 그런 존재가 거의 없습니다. 예전에는 학교도 구역이라는 의식이 있었지만, 원거리 통학이 일반화된 현재는 학생들의 구성도 제각각입니다. 지역의 특성이 나타나는 것은 초등학생 정도이고, 중학생쯤 되면 지역이 느껴지지 않습니다.

그동안 우리를 구속했던 틀들은 더 이상 존재하지 않고, 우리는 그저 개인으로서 대도시 혹은 사회 안에서 홀로 표류하는 것이죠. 이처럼 뿌리도 없이 떠도는 인간들끼리 만나고 헤어지는 관계가 어찌될 것 같습니까? 누군가를 만나면 다른 건 염두에 둘 필요도 없이 곧장 '그의 존재는 내게 어떤 의미인가?'를 계산하게 됩니다. 자신 스스로에게 '내게 필요한 사람인가?'라고 묻는 것이지요. 어떤 의미에서는 인간들은 아주 추상적인 관계를 맺습니다.

철학적으로 그럴 듯하게 포장하고 있지만, 노골적으로 말하자면 계산된 관계일 뿐입니다. 결국 서로의 필요에 의한 관계라는 의식만이 존재할 뿐이지요.

왜 그렇게 되었을까요? 다시 휴대전화 얘기로 돌아가 보죠. 휴대전화는 전화벨이 울리는 순간 대화 상대가 지정되어 있으니, 아무런 전제 없이 바로 용건을 꺼내고 본론으로 들어갈 수 있습니다. 긴장감 없이

진짜 친구를 사귀고 싶을 때

바로 너와 나 사이의 이야기 틀로 뛰어드는 겁니다. 그래서 때론 생각 없이 "예전 내 남자친구는 글쎄……."라면서 그냥 남 이야기하듯 상대방에게 자신의 프라이버시를 털어놓기도 하지요.

몇 겹이나 되는 베일에 싸여 있을 때는 '나는 대체 뭐지?'라든가 '저 사람에게 나는 뭘까?' 같은 철학적 의문은 관계가 깊어진 다음에 생겨나는 것이 보통이었습니다.

그전까지 그런 추상적인 물음이 필요 없었던 것은, 철학적인 질문이 아니고서도 자신을 이야기할 수 있었기 때문입니다. '나'를 구속하는 것들이 있었기에 '나'를 표현하는 것이 어렵지 않았던 것이지요. 그러나 '나'를 구속하던 것들로부터 해방된 순간, 우리는 우리가 처했던 그 장소를 잃으면서, 아무런 준비 없이 그곳에서 나오게 되는 것이지요.

요슈타인 가아더의 철학소설 《소피의 세계Sofies verden》가 인기를 모은 건 그만한 이유가 있기 때문입니다. 요즘은 누구라도 "나는 누구?"라는 질문을 던집니다. 구태여 철학적이고 어려운 이야기를 하자는 것이 아니라, 그저 일상생활에서 나오는 아주 보편적인 주제로 질문을 던지는 것이지요. 그런 철학적 질문을 생각해내는 것 자체가 마치 자신이 올바르게 살고 있는 증거라 착각하는 사람들이 있습니다.

하지만 제 생각에 '나는 누구인가?'처럼 아주 절박한 질문은 없습니다. 그 질문에는 답이 없기 때문입니다. 찾아도, 찾아도 끝없이 이어지는 질문으로 끝나기 마련이지요.

일상적으로 '나는 누구?'라는 질문을 던지는 사람들끼리 연애를 하면, 연애에도 쿠션이 사라집니다. 정말 아주 쉽게 가까워지지만 헤어지는 것도 아주 간단하지요. 조금만 엇갈리면 바로 '이 사람과는 함께 갈 수 없을 것 같아' 같은 판단을 내립니다. 진짜 빠르지요. 물건이라도 팔고 사는 것처럼 간단히 결정 내리지요.

진짜 친구를 사귀고 싶을 때

: 6 :

**우정의
편의점화**

Q

그렇다면 '뿌리 없이 떠도는 사람들끼리의
관계'를 다른 곳에도 찾아볼 수 있을까요?

인간관계는 편의점
이라는 공간과 아주 닮았습니다. 편의점은 개인생활에 반드시 필요한
물건들만을 파는 곳이잖아요. 식품이나 간단한 일용품만이 진열되어
있습니다. 즉 속옷이나 스타킹처럼 책상서랍에 넣어두거나, 우유나 샌
드위치처럼 냉장고에 넣어둘 만한 것들이지요.

하지만 생필품 혹은 식품을 판다고 해서 편의점이 일상(日常)의 지
역에 밀착해 있는 건 아닙니다. 오히려 지역에서 붕 떠 있습니다. 간편
성만을 우선시하기 때문에 지역적 특성 따위는 상관없이 어디를 가도
같은 물건들이고, 언제든 열려 있지요.

원래 편의점의 중추신경이랄까, 뇌의 부분은 그 지역에는 없습니다.
'이쪽 지역과 가게에서는 A, B, C 같은 물품이 잘 팔리고 저 지역에서

는 D, E, F 같은 물품이 잘 팔린다'를 파악하는 물품 관리나 전략 같은 중요한 부분은 센터가 결정합니다. 따라서 편의점은 전혀 다른 곳에 있는 중추와 연결되어 있는 셈이지요.

게다가 각각의 가게는 스스로 선택하여 결정할 여지가 전혀 없습니다. A라는 물품은 몇 번째 선반의 오른쪽에서 몇 번째 칸에 올려놓아야 할지 이미 정해져 있으니까요.

그런 의미에서, 편의점에서 '장소'는 거의 의미가 없습니다. 현실적으로는 가게가 특정 지역에 위치한다고 해서, 그 지역과 관계를 맺고 있는 것은 아니지요. 따라서 편의점은 그것이 위치한 장소의 특성을 반영하지 않습니다.

편의점은 현대사회의 인간관계를 상징하고 있습니다. 한 사람 한 사람의 인간도 편의점과 마찬가지로 '장소'의 특성을 잃고 있는 것은 아닐까요? 원래는 누군가의 가족으로 태어나 특정 장소의 사투리를 쓰고, 그곳의 음식을 먹고…… 하는 장소적 특성을 모두 가지고 있었을 텐데 말이죠.

사실 휴대전화가 요즘 세대에게 필수적 미디어로 취급받고 있지만, 한편으로는 불행한 미디어일 수도 있습니다. 행복을 약화시키는 작용을 한다고 할까요?

우리는 흔히 '타인과의 커뮤니케이션을 위해……', 혹은 '타인을 이해하기 위해서……'라는 말을 자주 합니다. '상대방을 위해 상대방과 똑 같은 마음을 가져야 한다' 혹은 '상대방과 똑같이 생각하는 것이야말로 서로를 이해하는 지름길이다'라고 생각들 하시지요?

그러나 누군가와 똑같은 마음이 되거나 똑같은 생각을 하게 된다면, 그 사람과는 무엇을 해도, 비록 짧은 대화라 할지라도, 금방 실증이 날 겁니다. 마치 자신의 분신과 대화하는 것 같을 테니까요.

: 7 :

진정한 친구

Q
좋은 인간관계란 어떤 것일까요?

좋은 친구는 내가 깨
닫지 못한 결점을 가르쳐주거나 반대로 내가 알지 못하는 장점을 가르
쳐주는 사람입니다.

'서로 이해한다'를 단순히 '느낌이나 생각을 공유하는 것'이란 의미
로 받아들인다면 사람과 사람이 서로를 위해 취하는 행동은 오히려 약
화되어질 수밖에 없습니다. 서로에 대한 심리적 의지만 있을 뿐이죠.

타인을 이해하는 것은 자신과 상대가 어떻게 다른가를 알게 되는 과
정입니다. 스스로는 어찌해야 할지 몰라 고민이 될 때, '이런 경우 그
녀석이라면 이렇게 하겠지'하고 오히려 상대의 마음이 더 잘 보일 수도
있는 것이지요.

좋은 친구란 다르다는 것을 서로 인정하고, 그 차이에도 불구하고
서로 사귀어 나가는 사이가 아니겠습니까?

: 8 :

**행복이란
무엇인가?**

Q

여기서 잠깐 행복에 대해 말씀해주세요

행복은 오래 지속되지 않는 것에 반해 불행은 긴 법입니다. 긴 시간이 지나야 겨우 끝이 나오지만, 불행은 마치 오래된 상처처럼 환절기가 되거나 우연한 순간에 다시 고통을 줍니다. 시간이 해결해주었다고, 시간이 낫게 해주었다는 말이 무색하게 말이죠.

행복에 대해 생각해보면, 목표를 향해 한 발 한 발 다가간다고 느낄 때가 기분 좋은 것이지, 막상 목표점에 도달하면 그야말로 싱거워집니다. 시간이 지나면서, 뭔가 결핍감에 시달릴 때 '그때가 좋았어, 다시 한 번 그때가 왔으면 좋겠다!'라고 추억할 때만이 행복은 현실이 되는 모양입니다.

행복은 순간적입니다. 역설적이게도 진정으로 행복한 순간은 '행복하지 않을 때'에 있습니다. 행복을 동경하고 있을 때나, 행복했던 순간을 추억할 때 말이죠. 그런 점에서, 행복은 어쩌면 불행이 키워주는 것이 아닐까요?

행복은 그 자체가 단독으로, 하나의 상태로서 존재하는 것이 아닙니다. 행복은 '바람의 끝'이며 '상실감의 시작'이라는, 아주 찰나에만 있는 것인지도 모릅니다.

사람들은 어떤 편안한 마음이 지속되는 상태를 행복의 이미지로 떠올리곤 하는데, 사실 행복은 바람과 상실 사이를 오가고 있을 뿐입니다. 시작과 끝이 교차로 반복되는 것이지요.

지속되는 것은 행복이 아니라 오히려 결핍감입니다. 그래서 '불행에 의해 행복이 키워진다'고 말이 수긍이 가는 것입니다. 불행은 시간을 관통하여 존재합니다. 불행의 터널을 지나왔다고 방심하는 순간 불행의 터널이 다시 나타납니다.

행복의 순간보다도 더 현실감 있게 말이죠. '뭔가 부족해', '외로워', '괴로워', '간절해', '무엇을 해도 만족감이 없어'라는 말들은 아주 현실감이 있습니다.

마음속 깊은 곳에서 터져 나오는 행복에 대한 갈망의 표현입니다. 친구와의 관계도 마찬가지입니다. 좋은 때만 함께한 친구는 오래가지 않습니다.

학교의 야구부 같은 동아리 모임이 오래 지속되는 것은 힘든 시간을 오랫동안 함께 견뎌왔기 때문입니다. 요즘 젊은이들은 친구와 좋은 말만 하면서 서로에게 상처를 입히지 않으려 한다는군요. 상대에게 "정말 신난다, 그치?" 같은 말만 하면서 '즐거움의 공유'만 이루어지게 하는 것이지요.

인간은 즐거운 추억을 공유하는 것만으로는 관계가 깊어지지 않습니다. 괴로운 마음을 함께 나누어야 비로소 깊은 관계가 맺어지는 것이지요. 괴로움을 통해 맺어지는 결속의 끈은 대단히 강해서 결혼을 하여 가정이 이루어지기까지 계속 이어지는 것이 보통이지요. 그런 과정을 공유하게 되면 하기 힘든 말도 자연스럽게 할 수 있고, 상대도 부담없이 자연스럽게 받아들입니다. 자주 전화를 하지 않아도 되지요. 만나는 횟수와 친밀도는 전혀 관계가 없습니다. 자주 만난다고 친밀도가 높아지는 건 아니니까요.

혼자서 "누군가와 함께이고 싶다"고 중얼거리는 사람들이 많습니다. 다들 외로움에 몸서리치는 것이겠지요. 어쩌면 현대사회의 구조 자체가 개인의 존재감을 추락시키는 것인지 모릅니다. 회사에 나가도 "이 자리, 내가 아니어도 상관없잖아"라고 자신감 없는 소리를 하게 됩니다. 자신이 속해 있는 사회에서조차 자신의 존재를 부정하는 셈이지요. 가정에서마저도 자신을 대신할 누군가가 있을 것 같은 느낌이 듭니다.

'우리 부모님께 나는 정말 필요한 존재일까?'라는 의문이 들면서도 한편으론 '엄마가 왜 필요해! 밥이야 사먹으면 되지'라며 혈육의 존재마저 부인하기도 합니다.

이처럼, 모든 존재의 틀들이 깨진 이상 아무리 자신을 들여다보아도 '나는 누구인가?'에 대한 답을 얻을 수는 없습니다.

스스로 존재감을 확인하고 싶지만, 혼자서는 자신이 무엇과도 바꿀 수 없는 존재라는 걸 확인할 수 없습니다. 누군가로부터 "네가 아니면 안 돼!"라는 소리를 듣지 않고서는 자신감을 얻지 못하는 것이지요.

그러다 보니 누군가와 함께이고 싶어서, 혹은 단절되는 것이 두려워서, '상대를 기쁘게 하는 일'에만 열을 올리게 되는 겁니다. '사랑받고 싶다'는 욕망이 수동적인 착한 아이로 포장되어 상대의 눈치만 보는 관계로 전락하는 것이지요. 이런 관계를 친구라고 할 수는 없습니다. 이런 약해빠진 관계에 빠지면, 상대도 나만큼이나 좋은 면만 이야기하는 악순환이 형성되어, 진정한 관계에 이르지 못합니다.

행복

20세기에는 '불행론'만 존재했던 것 같다. 고뇌와 절망, 부조리와 무의미에 관한 연구는 있어도, 웬일인지 '행복의 사상'에 대해서는 입이 꽤나 무거웠다. 그중에서도 영화감독 테라야마 슈지寺山修司는 용감하게 《행복론》을 저술했다. 그의 글 중에서 맘에 와 닿는 문장을 몇 가지 소개하고자 한다.

"토마스 만은 '정치를 경멸하는 사람은 그 경멸에 어울리는 정치관밖에 가질 수 없다'고 말했다. 그의 아포리즘은 행복에도 적용되어질 수 있다. 행복의 가치를 하락시키는 것은 행복 자체가 아니라, 행복이라는 말을 경멸하고 있는 우리들 자신이다. ……우리들 세대가 잃어버린 것은 '행복'이 아니라 '행복론'이다."

"불행은 언제나 똑같은 얼굴을 하고 있지만, 행복은 항상 다른 얼굴을 하고 있다."

"누군가의 행복은 다른 이의 불행을 재는 기준이 되지만, 그 반대는 절대로 없다는 것을 기억하라."

"행복이 결코 하나의 '상태'가 아니라는 것을 알게 되면, '행복해졌지' 같은 말은 하지 않게 될 것이다."

"행복에 관하여 이야기할 때만큼은, 나의 말이 자신만의 작은 우주 안에서 퍼덕이는 새가 되었으면 싶었다. 격려와 추억을 아련히 안겨주는 기차의 기적소리처럼 말이다."

5분 만에 답을 찾는 모든 심리 연구소

: 9 :

힘든 시기를
넘어서는 체험

Q

나의 결점을 쿡쿡 찔러대는 친구는 좀 꺼려질 것 같은데요.

그렇죠. 친구가 침울할 때는 직설적으로 말하기 보다는 이야기를 들어주는 편이 좋다는 사람이 꽤 많더군요. 상담을 할 때도, 냉정하게 상대방의 문제의 핵심을 파고들면 오히려 내 자신이 쇼크를 받을 수 있습니다. 아마도 내 말이 부메랑처럼 되돌아와 결국 내 자신에게 상처 주기 때문이겠죠.

지금까지 해온 말과는 달리 들리겠지만, 친구는 있는 그대로 받아들여준다고 해야 하나, 그저 들어주는 사람이기만 해서는 안 된다고 봅니다.

'함께이고 싶다'는 말은 자신을 그저 받아들여주었으면 하는 마음의 표현이겠지만, 내가 진정으로 상대의 말을 받아들인다면, 아닌 것에는 "그건 아닌 것 같아" 하고 정확하게 짚어주어야 하는 거 아닐까요?

상대방으로부터 이야기를 충분히 듣기 전에 퇴짜를 놓는 것과 잘 들어준 다음 충고를 하는 것은 다릅니다.

언제나 왁자지껄 즐거운 시간만을 보낸 이들 사이엔, 고민을 토로할 때도 그 대화가 상대방에게 전달되지 않고 벽에 부딪치는 공처럼 되돌아옵니다. 얘기를 다 듣기 전에, 단숨에 "그런 건 잘 모르겠어" 하고 말하는 것처럼요. 하지만 진정한 친구는 상대의 고민을 일단 완전히 받아들인 다음 충고를 해줍니다.

본론으로 돌아가서, 진정한 아픔을 느낄 때는 인생의 중요한 전환기인 경우가 많습니다. 그래서 아이가 어른이 되려고 하는 사춘기에는 진정한 친구가 그렇게 중요한 것입니다. 그 시절의 친구가 오래가는 것은 몸도 마음도 변화하는 시기를 같이 보냈기 때문입니다. 연애를 시작하거나 가족 안에서의 관계가 뒤틀리는 것도 사춘기 때잖아요.

각자의 아이덴티티가 형성되는 시기인지라, 그때 진정으로 함께 대화를 나누는 친구, 이야기를 들어주는 친구가 정말 오래가는 겁니다.

여성들이라면 갱년기의 친구도 사춘기의 친구 못지않게 중요합니다. 갱년기에는 고민을 들어줄 사람이 필요한데, 집에는 그럴 만한 사람이 없습니다. 남편은 바쁘고 아이들은 다 커서 엄마의 품을 떠났습니다. 자식들이 떠난 외로움이라든가 맘이 맞지 않는 시부모를 보살펴야 하는 문제를 잔뜩 끌어안고 있는데, 이야기를 들어줄 사람이 없는 거죠. 게다가 몸의 변화는 또 왜 그리 기복이 심한지……. 인생에서 사춘기와 갱년기가 가장 힘들 때입니다. 그 힘든 시기를 함께 헤쳐 나가야 할 사람이 필요합니다.

'compassion'이라는 단어가 있습니다. passion에는 괴로움이라든가 수난이라는 의미를 내포하고 있습니다. com은 '함께'라는 의미로, 두 개를 합하여 보통 '공감'이라든가 '동정'으로 번역되는데, 원래는 '괴로움을 함께 한다'는 의미입니다.

'공감'이라고 하면 보통 '마음이 통하다' 또는 '서로 이해하다'는 뜻으로 해석하지만, compassion에는 좀 더 강한 의미, 즉 '수난을 함께하다'는 의미가 있는 것입니다.

진짜 친구를 사귀고 싶을 때

: 10 :

이성간의 우정은
성립할까?

Q

그렇다면 여성과 남성 사이에도 우정은 가
능하다는 말이 되겠군요.

남녀 사이의 우정은
'절대적으로' 가능하다고 생각합니다. 지금까지는 세상에 '곳'이라는
것이 아주 많았고, 그 '곳'은 남녀에 따라 전혀 달랐었죠. 따라서 '남자
와 여자'라는 두 사람이 맺어지는 것은 결혼이나 연애의 형태밖에 없
었죠.

고민도 성별에 따라 그 종류가 다른 편이었죠. 하지만 지금은 어떻
습니까? 남자와 여자라기보다는 동지들입니다. 함께하는 동지가 되면
대립의 존재가 아니라 지금까지는 있을 수 없었던 남녀 간의 공감^{com-}
passion이 일어납니다.

직장을 예로 들어봅시다. 직장에서는 남녀를 구별하기 보다는 상하
관계가 강조되어왔으므로 같은 동기로 들어온 남녀라면 고민을 함께

나눈 동료로서, 친구로서 서로 신뢰하게 됩니다. 남녀 사이의 애정이나 연애가 아니라 '공감compassion의 관계'가 탄생하는 것이죠.

이 새로운 관계에 의해 생리나 몸의 상태에 관한 이야기라도 서로 스스럼없이 이야기할 수 있는 사이가 됩니다. 각각의 연인이 따로 생겨도 관계는 쉽게 변하지 않습니다. 어쩌면 모든 베일이 벗겨진, 개인만이 남겨진 외로운 상황이기에 이처럼 새로운 남녀 관계가 가능해진 것일 수도 있습니다.

나이를 먹어서도 누군가가 필요합니다. 예를 들어서, 각각 배우자를 잃은 남녀가 '공감compassion의 관계'에 있다면 구태여 재혼할 필요는 없이 동거생활을 하는 겁니다. 양쪽 다 아이들을 혼자 키우는 것이 힘드니까 "함께 키울까?"라는 구실로 말입니다. 아니면 처음부터 결혼은 하지 않고 싱글로 아이를 키우는 사람들끼리 동거하며 서로 협력하여 살아가는 관계도 좋지 않을까요? 그런 상황들로 인해 이성간의 새로운 관계가 생성될 수 있다고 봅니다.

노인들은 본능적으로 아이들을 보면 마음이 따뜻해지는 경향이 있습니다. 아이들을 키우는 젊은 부부가 1층에 살고, 2층에는 친척도 뭐도 아닌 노부부가 산다면, 젊은 부부가 직장에 가 있는 사이 노부부는 1층 아이들에게 할아버지 할머니 역할을 대신해 줄 수 있을 겁니다. 사실 이건 어느 예술가 부부의 실제 사례입니다. 이런 집합이 새로운 가족상을 만들어낼 수도 있지 않을까요? 이렇게라도 하지 않는다면, 부부가 같이 직장생활을 해야 하는, 저출산 시대를 어떻게 헤쳐 나갈 수 있겠습니까?

진짜 친구를 사귀고 싶을 때

부부 사이, 부모와 자식 간의 사이가 생각지도 못했던 방향으로 변하고 있습니다. 피로 연결되지 않은 사람들끼리라도 마치 부모와 자식 간처럼 생활하는 것이 자연스러운 현상이 될 것 같단 생각이 듭니다. 건축가 중에서는 그런 부분을 고려하여 집을 디자인하는 사람도 있습니다.

5분 만에 답을 찾는 모든 심리 연구소

돈으로 행복해질 수
있을까?

Q
돈으로 욕구를 다 채울 수 있으면 행복해
질 거 같다는 얘길 자주 합니다. 이건 잘못
된 생각일까요?

　　　　　　　　　　　우선 happy를 '기분
이 좋은 상태', 혹은 '만족스러운 상태'로 정의내리는 것이 틀렸다고 말
하고 싶군요. 기분이 좋은 상태와 만족스러운 상태는 지속될 수 없기
때문이지요.

인간의 감각이란 불가사의하게도 어떤 쾌감이 극에 달하면 더 이상
다른 자극은 받고 싶어 하지 않습니다. 냄새도 처음 어떤 냄새를 맡는
순간이 제일 기억에 남는 법입니다. 시간이 지나면 익숙해지기 마련입
니다.

이처럼 어떤 감각이든 일단 시간이 지나면 감도가 떨어집니다. 둔감
해져서 감각을 느끼지 못하게 되고, 결국 마비되죠. 진정한 의미에서

언제까지고 신선하게 남아있는 감각은 '고통'뿐입니다. 고통만은 언제나 현재형이며, 아무리 시간이 흘러도 익숙해지지 않습니다.

기분이 좋은 상태라든가 만족스러운 상태를 행복이라고 생각한다면 그것은 잘못입니다. 그 행복은 바로 시들해집니다. 돈도 마찬가지입니다. 돈으로 만족스러운 상태가 유지될 리 만무하고, 행복 또한 유지될 수 없습니다. 돈도 있고 행복한 가정도 있고, 모든 면에서 충분히 만족해도 결국에는 지겨워집니다.

따라서 좀 쓸쓸한 결론이긴 하지만, 행복이라는 것은 행복을 추구할 때만 존재하는 것인지도 모르겠습니다. 이 말은 '행복은 아직 행복이 없는 곳에만 존재한다'는 암시입니다.

Q

감각적으로 돈에 질린다는 게 어떤 것인지
모르겠어요.

물건이 없다면 잃을 가능성도 없지만, 물건을 가지고 있다는 건 잃을 가능성이 있다는 말이 됩니다. 상실에 대한 불안이 언제나 따라다니며 더더욱 가지라고 부추깁니다. 돈은 무언가를 자기 것으로 하는, 즉 소유하기 위한 수단인데, 소유하면 할수록 수전노처럼 돈에 묶이게 됩니다. 통장잔고의 늘어남과 줄어듦에 따라 불안의 강도가 달라집니다. 말하자면, 내가 돈을 소유하는 것이 아니라 돈이 나를 소유하게 되는 겁니다.

Q

명품을 갖고 싶다는 생각만으로 돈을 모으는 사람들이 있잖아요? 그런 사람들은 행복한 걸까요?

쇼핑을 셀프케어처럼 하는 사람은 어디까지나 산다는 행위로 기분전환을 하는 겁니다. 부자가 되고 싶은 것이 아니라 돈을 사용하여 기분이 좋아지고 싶은 거죠.

하지만 그런 경우엔 행복에 대한 정열이 행복으로 가기 위한 수단으로 변질되어버리기 때문에 허망해집니다. 그런 사람들에겐 만족이란 없습니다. 결국 행복에서 점점 멀어져가는 것이지요. 자신이 무엇을 하고 있는지, 스스로도 깨닫지 못합니다.

터칭

20세기가 끝나는 해에 쉰을 맞았다. 무심코 내려다본 손등에서 늘어진 피부를 발견하고는 나이 먹는다는 게 이런 건가 싶은 마음에 새삼 내 나이를 뼈저리게 느꼈다. 대학에서 근무를 하고 있으니 언제나 스무 살 전후의 사람들에게 둘러싸여 있는데다, 그들이 내 아이들보다 더 어림에도 불구하고 그저 후배들처럼 느껴지니 문제는 문제다. "교수님은 제 부모님보다도 연세가 많으시네요"라는 소리를 들어도 쉬 실감이 나지 않는다. 아무리 시간이 지나도 좀처럼 내 나이에 익숙해지지 않는 거다.

그런 내게도 요즘 들어 부쩍 그리운 것이 생겼다. 손주까지 바라지는 않으나, 강아지 한 마리는 있었으면 좋겠다 싶은 것이다. 꽤 오래 전에 키우던 개를 먼저 보내고 나서는 개 키우는 것을 꺼렸었다. 그 개는 낮잠을 자는 나의 베개가 되어주었고, 뺨을 부비고 키스하는 상대도 되어주었다. 온몸을 함께 비벼대는 사이였던 거다.

노인들이 손주나 증손주와 같은 갓난아기를 보면 무심코 만지고 싶어 하는 마음이 충분히 이해된다. 우리 아이들이 아직 어렸을 때 독일에서 2년 정도 생활한 적이 있었다. 어느 날 동료 선생님 한 분이 집에 오셨는데, 선생님께서 아이들을 만져도 되냐고 물으셨다. 그때 나는 갓 서른을 넘긴 나이였지만, 그 선생님의 심정을 충분히 이해할 수 있었다. 세상 누구라도 사람의 살결은 그리운 법이다.

곤충을 키울 때 빨리 성장하라고 넓은 상자에 넣으면 오히려 발육에 좋지 않다는 말을 들은 적이 있다. 수염이 상대방의 몸에 닿을 정도의 밀집 상태가 좋다고 한다.

이런 이야기도 있다. 한 생물학자가 무균동물을 만들고자 어떤 동물의 임신한 어미를 무균상태에서 제왕절개하여 새끼를 꺼낸 다음 무균실에 옮겨 무균 우유를 먹여 키웠다. 그러나 아무리 정성을 들여도 모두 일주일을 넘기지 못하고 죽고 말았다. 모두 배출을 하지 않았기 때문이었다. 오사카대학에서 의학개론을 강연하던 나카가와 요네죠中川米造 씨는 그 부분을 이렇게 설명했다.

"포유류의 어미는 태어나면서부터 끊임없이 새끼를 핥아줍니다. 특히 모유를 먹인 다음에는 배출구멍의 주위를 조심스럽게 핥아주는데, 그 자극이 배출 반응을 일으키도록 돕는다고 합니다. 새끼는 스스로 배출 반응을 일으키지 못하기 때문이지요. 그리하여 그 연구자는 자신이 직접 새끼를 핥아줄 수는 없으니까 청결한 면봉으로 가능한 자주, 특히 우유를 먹인 다음에는 궁둥이 주변을 조심스럽게 닦아주는 식으로 자극을 주었다고 합니다. 그러자 살아남는 수가 급증하게 되어 실험을 계속할 수 있게 되었습니다."

그렇다, 이 '터치'야말로 주목할 만한 것이 아닌가 싶다. 한동안 노인 요양 시설을 자주 방문한 일이 있었는데, 그때 보았던 것도 바로 사람과 사람의 접촉이었다. 다른 곳에서라면 성추행이라고 불릴 만한 젊은 스태프들에 대한 노인들의 손길, 침대 옆에 앉아 말을 걸면서 살짝 이불 위에 얹는 스태프들의 손길, 파우더 마사지(침대 위에서 하는 목욕)를 할 때의 손길이었다. 또는 굳이 만지지 않아도 주변을 맴도는 스태프들의 배려가 노인들을 기분 좋게 감싸는 감촉이었다. 노인들이 이상할 정도로 아이들을 좋아하는 것도, 실은 그 감촉에 있는 것이 아닌가 싶다.

그러고 보니, 미국의 한 의학연구소에서 발표한 논문에도 신체에 마사지를 실시하자 스트레스 호르몬이 감소했다는 실험 결과가 실려 있었다.

오랜만의 결혼 피로연

얼마 전, 동갑 친구의 결혼 피로연이 있었다. 두 사람이 사귄 지는 10년도 넘었지만, 그 사이 여러 가지 사정이 겹치는 바람에 환갑이 가까워서야 겨우 결혼식을 올리게 된 것이다. 제자들이나 지인의 결혼식에 초대받아 간 적은 있어도 같은 나이 때의 친구 결혼식은 약 30년 만인지라, 당사자들이 아니라 오히려 내가 쑥스러워 축하한다는 말도 제대로 못했다. 주변을 둘러보니 다들 나처럼 선뜻 "축하하네!" 한마디 못하고 쭈뼛거렸다. 모르는 사람들이 보면 환갑잔치이거나 퇴직 기념파티라고 생각할 것이다.

친구라고는 해도 수년 전에 알게 된 사이여서 사적인 일에 관해서는 별로 아는 것이 없었는데, 사실 성인이 되어 사귄 친구들 사이에는 흔한 일이다.

내게는 둘도 없는 친구라고 할 만한 녀석이 둘 있다. 모두 20대에 만

낳는데, 둘 다 도쿄 토박이로서, 부모님 세대에 도쿄로 이사와 거기서 나고 자랐다. 부친이 교토로 옮긴 다음 태어나고 자란 나의 경우와 닮았다. 친구들이 대학을 졸업하고 취업을 하면서 간사이関西로 옮겨온 덕에 나와의 인연은 시작되었고, 지금까지 이어져오고 있다. 친구들은 간사이 사투리가 조금도 섞이지 않은 정통 도쿄 말투로 말하고, 나 또한 교토 사투리로만 말한다. 도쿄 말투와 교토 말투가 오고가면 리듬이랄까, 박자가 꽤나 잘 어울린다.

그 친구들이 가끔 보고 싶을 때가 있는데, 왠지 우울해질 때가 바로 그렇다. 뭔가 막혀버린 느낌이 들어 답답해지면 그 친구들이라도 만나 얘기나 해볼까 싶은 마음에 찾아간다. 막상 만나면 입에 따발총이라도 문 양 떠들어대기 일쑤다. 정작 중요한 말은 아무것도 하지 않은 채 말이다. 그러다 문득 "요즘 어때?" 하고 물어오면 "그냥저냥 하고는 있는데…… 좀 그러네."라는 엉성한 대답밖에 나오지 않는다. 그럼 친구도 "그래, 그렇구나." 하고는 끝이다. 그리고는 쓸데없는 이야기로 돌아가는데, 그래도 마음이 편안해지는 것이다.

결혼 피로연으로 돌아가 보자. 한 차례 인사와 케이크 절단식이 끝나고 신랑 신부가 테이블을 돌아다니며 감사 인사를 드리고 손님들은 축하 인사를 하는 시간이 시작되었다. 비슷한 연배인 손님이 많은 탓에 이상한 일도 아니지만, 어느 정도 식사를 마치자 테이블 사이로 사람들의 왕래가 잦아졌다. 어깨를 두드리고, 악수를 나누고, 명함을 서로 교환하면서 부산스러웠다. 처음부터 칵테일 파티처럼 서서 먹는 식으로 준비하는 게 낫지 않았을까 싶을 정도였다. 나 또한 10년 혹은 20년 만에 만난 사람들과 "자네 아직 살아 있었네?" 따위의 인사를 나누며 시시덕거렸다.

친구가 직업상 성취한 것들도 대단하지만 그의 가장 큰 '업적'은 오랜 세월에 걸쳐 이런 인맥을 구축하여 유지해온 것일지 모른다. 자신을 먹잇감으로 내놓고, 자신의 인맥의 구성원들이 한자리에서 만나게 하는 것이야말로 피로연에서 가장 좋았던 부분이었다.

각자의 상황을 알기 위해선, 구태여 말이 필요 없는 장소였다. 얼굴의 주름이나 기미, 여윈 모습들이 각자의 삶을 말해주기 때문이었다. 아마도 성공한 사람들보다는 실패한 사람들이 더 많아 보였다. 그 부끄러움을 가슴에 묻고 그 자리에 왔을 터였다. 삐딱하게 굴던 녀석, 뻣뻣하게 굴던 녀석은 여전히 삐딱하고 뻣뻣했다. 그런 녀석들에게 "바보 같은 놈!"이라고 한껏 비아냥거리며 "바보에는 약도 없다니까!"라는 조롱을 덕담처럼 주고받았다. 만나지 않고 지낸 그 오랜 세월 동안 나 또한 너희들에게 지지 않을 만큼 '바보'가 되었다는 얼굴을 하고 말이다.

피로연의 마지막 순서인 축사는 내가 맡았다. 나는 미리 준비한 인사말은 접어두고 즉흥적으로 말했다. "바보가 되지 않는 사람이야말로 진짜 바보라는 말이 있습니다. '바보 같은 놈'이란 말을 서로 던지면서도 서로를 존중하는 관계야말로 제가 생각하는 이상적인 인간관계입니다. 그러한 인간관계가 이 자리에서 실현되고 있군요."

진짜 친구를 사귀고 싶을 때

사람 / 시간

▪ 기특한 녀석

25년 전 야간대학 철학과에서 학생들을 가르칠 때였다. 학생들은 대부분은 직장을 다니다가 혹은 다니는 중에 공부하는 중이라서 주간대학 학생들보다는 나이가 많았고, 중년층도 심심치 않게 섞여 있었다. 그런데 고등학교를 갓 졸업한 어린 학생이 내 수업을 들었는데, 오직 철학 강의만 듣고, 다른 과목들을 택하지 않겠다는 것이었다. 학교측에서 그런 식으로는 졸업할 수 없다고 하자, 그는 주저 없이 철학과목들만 수강한 후 자퇴하겠다는 것이었다. 얘기를 들어보니, 고등학교 시절에는 학생운동과 사회문제에만 관심을 기울여 공부를 소홀히 하다가 낙제한 경험도 있다는 것이었다. 그는 형 누나 같은 동료 학생들로부터 어린아이 취급을 받으면서도 '왜 철학인가'에 대한 논의만큼은 누구보다도 끈질기게 물고 늘어졌다.

그랬던 그가 언제부터인가 대학에서 모습을 볼 수 없게 되었다. 간호사 자격을 따기 위해 낮에는 전문학교에 다니고, 저녁에는 정신병동에서 아르바이트한다는 얘기를 사람들을 통해 전해 들었다. 그러다가 얼마 후에는 정해진 틀처럼, 혹 톱니바퀴처럼 돌아가는 일에 절망하고, 개인적으로 힘든 일도 있어서 술집 바텐더와 트럭 운전사를 하며 지낸다는 이야기도 들려왔다.

그런 그가 어느 날 나에게 나타났다. 〈임상철학〉 프로젝트를 설립했다는 소식을 신문에서 보았다고 했다. 한동안 베테랑 선배 간호사의 도움으로 투석 센터에서 일하고 있었는데, 철학적 사고와 사회현상을 연결하는 〈임상철학〉이야말로 자신이 하고 싶은 일이라는 생각이 들어, 병원을 그만두고 내가 근무하는 대학 근처로 이사 왔다는 것이었다. 벌써 대학 근처의 노인 요양 시설의 간호사로 취직했다는 것이었다.

정신병동 간호와 투석, 그리고 노인들의 간호. 이것들의 공통점은 환자들이 보통의 입원치료와는 달리 병을 동반자처럼 끌어안고 일상생활을 해야 한다는 점이다. 그는 현대 의료와 간호의 문제점이 앙금처럼 쌓인 바로 그 지점에서, 지금 '할 수 있는 일'이 아니라 '할 수 없는 일'에 초점을 맞추기 위해 철학을 공부한다는 것이었다.

그가 인생을 표류한다는 생각이 들었었는데, 사실 그는 한 지점에서 벗어나지 않았던 것이었다. 예전에는 그가 기특해 보여 수업이 끝나면 곧잘 야식을 사주곤 했었는데, 이제야 대학에서 벗어나 현장으로 나가려는 내가 오히려 그에게 기특해보이는 것이 아닐까라는 생각이 들었었다.

진짜 친구를 사귀고 싶을 때

▪ 응석꾸러기 간호사

10년 전에 태어나서 처음으로 병원에 입원한 적이 있었다. 병실은 6
인실이었는데, 내 침대의 건너편에는 아흔 가까운 노인이 누워 있었다.
그는 의식이 있는지 없는지, 하루 종일 잠만 잤다.

떠들썩한 점심식사 시간이 끝나면 모두들 낮잠을 잤다. 그때쯤 한
간호사가 마치 정해진 일인 양 그 할아버지를 찾아왔다. 신참인 그녀는
어딘가 까칠한 데가 있었다. 그녀는 발칙하게도 커튼을 치는 척하면서
그대로 할아버지의 침대에 엎드려서 자곤 했다.

신참이 오죽 피곤하면 그럴까 싶어 그냥 보아 넘겼지만, 어느 날부
턴가 뭔가 이상했다. 그녀가 숙면을 취하는 동안 할아버지가 눈을 뜬
것이었다. 그는 그녀를 보고 있는 것이 아니라, 복도 쪽으로 시선을 고
정한 채 선배 간호사들이 지나가기라도 하면 그녀의 어깨를 눌러 복도
에서 보이지 않게 하는 것이었다. 할아버지가 망을 보고 있었던 거다.

퍼뜩 이런 생각이 들었다. 할아버지는 20여 년이란 긴 세월동안 타
인에게 도움만 받았다. 다른 사람들로부터 귀찮은 짐짝 취급을 받았
다. 자신의 존재에 무언가 의미 둘 만한 일이 없었을 것이다. 그랬던
그가 다른 이를 위한, 즉 그녀를 위한 망보기 역할로 자신의 존재의 가
치를 느끼고 싶었을 것이다. '내가 망을 보지 않으면 이 아이는 혼이
날 테지' 하고 그녀를 지키려는 마음으로, 자신의 존재 의미를 발견한
것이리라.

이런 케어도 있을 수 있구나 싶어 새삼 놀랐었다. 그 신참 간호사는
선배와의 관계가 순조롭지 않거나 병원 일에 지쳐 있었을 수도 있었다.

5분 만에 답을 찾는 모든 심리 연구소

무엇을 위하여 자신이 이곳에 있는지 스스로에게 묻고 있었는지도 모른다. 그 간호사가 자신이 부루퉁해서, 무의식적으로 했던 일의 숨은 의미를 알게 된다면, 분명 속 깊은 간호사로 성장하리라 믿어 의심치 않는다.

▪ 억누른 표정

부친을 세 군데의 노인 요양 시설에 순차적으로 입퇴원 시키며 돌보던 때에 50대 후반의 간호사를 만났다. 부친의 침대 옆에서 두 번 정도 그저 사무적인 보고를 받고, 내 쪽에서도 형식적인 감사의 인사만 던질 뿐이었다.

그녀의 어떤 감정도 들어있지 않은 극히 무미건조한, 최소한의 대화만큼 마음에 상처를 주는 것도 없었다. 방금 '사무적인 보고'라고 했지만, 실은 '일러두어야 할 필요가 있는 최소한의 것'이라는 표현이 옳을지도 모른다.

나와 부친 사이에 복잡한 상황들이 존재하는 것 같고, 또 그 상황들이 핵심적인 문제일 수 있지만, 타인이 이러쿵저러쿵 간섭할 수 없다는 듯이……각자의 입장에서 할 수 있는 일과 할 수 없는 일이 있다는 것을 가르쳐 주는 듯이 그녀는 눈을 내리깔고 2~3분간 설명했었다. 그녀의 극도로 자제한 감정 표정에선 '시설의 한계'를 벗어난 사태에 대해선 자신들에게 책임이 없으며, 환자 측의 부주의, 무지와 어리석음으로 문제가 발생할 시에는 각자가 그 책임을 져야 한다는 식, 즉 '당신의 일은 당신의 책임', '우리 일은 우리의 책임'이라는 'That's your business' 식의 냉정함이 풍겨져 나왔다. 나는 부친을 사이에 두고, 양쪽 다 무언가 내뱉는다고 하여 해결되는 것은 아무것도 없다는 현실을 묵묵히 받아들이고 있었다.

그날 나는 집으로 돌아가는 차 안에서 아버지를 보고 왔으니 이번 주도 넘길 수 있겠다는 안도감을 억지로 느끼려 노력하면서, 다른 사람들에게 들리지 않는 것을 핑계삼아 자포자기식으로 버럭 화를 내는 일도 없이, 절망감에 사로 잡혀 스스로 무너져 내렸던 것으로 기억된다.

▪ 대하기 힘든 교사

고교시절에는 남들만큼 반항도 했다. 고등학교 2학년 때는 점심시간에 학교 밖에서 담배를 피우고 돌아오다 복도에서 맞닥뜨린 담임으로부터 "머리카락에 담뱃재 날렸다, 잘 털고나 다녀라!"라는 꾸중을 들었다. 그런 호통이 맘에 들었다. 생긴 지 얼마 안 된 학교라 젊은 선생님들이 많았는데, 대체로 교사들은 직접적으로 야단치기 보다는 그런 방식으로 학생들과의 관계를 형성하려던 것 같았다.

그들 중에서 학구파인 수학 선생님이 기억난다. 나이가 나의 아버지 정도였던 그 선생님은 교무실에서는 조용히 수학 원서를 읽었고, 교실에서는 농담 한 번 하는 일이 없었다. 한마디로 학생들이 가까이 다가가기에는 좀 어려운 선생님이었다. 부모님에게 이과로 진학할 예정이라고 거짓말을 했었기 때문에 어떻게든 〈수학Ⅲ〉을 들어야 했지만, 공부하고 싶지 않은 과목이었기에 언제나 숙제를 하지 않았었다. 선생님이 앞으로 나와 칠판에 쓰여진 문제를 풀라고 하면, 난 수업이 끝날 때까지 분필을 들고 서 있기만 했었다.

어느 날 하교를 하다 그 선생님의 차 안을 슬쩍 들여다보니 불경이 보였다. 저 수학 마니아가 왜? 다음날 담임에게 그 이유를 묻자, 선생님은 "너희들 몰랐었구나."하며 수학 선생님에 관한 이야기를 들려주었다. 수학 선생님이 얼마 전에 아들을 잃었다는 것이었다. 머리를 한 대 얻어맞은 느낌이었다. 그런 낌새 하나 없었는데……

내 자신이 한없이 부끄러웠다. 수업시간에 반항한 것이 부끄러운 게 아니다. 교사와 학생이 아니라, 인간과 인간으로서 옆에 있으면서도 상대방의 무너지는 감정을 느끼지 못했다는 사실이 부끄러웠다. 상대를 보지 않고 그저 반항에만 몰두했던 내가 부끄러웠다.

그렇다고 내가 모범생으로 변한 것은 아니었다. 여전히 숙제는 해가지 않았다. 하지만 나는 그 선생님으로부터 '참 어른'의 모습을 배웠다. 그 선생님의 모습이 앞서 말한 50대 간호사의 그 억누른 표정과 겹쳐 눈앞에 스쳤다.

▪ 내려가는 사람

"서로 더 이상 갈 때가 없다는 생각이 들 때까지 싸우고, 서로 비난을 퍼붓다 결국에는 어느 쪽이 먼저랄 것도 없이 '손들었다'라는 말이

나오게 되면, 비로소 서로를 이해하기 시작한 것은 아닐까요?"

〈타인을 이해하는 것에 대하여〉라는 타이틀로 개최된 세미나에서 무명의 발표자가 한 말이었다. 참석자들은 이 말에 감동을 받았는지 기침소리조차 내지 않고 침묵했었다.

그는 오사카 지방법원 판사를 지내다 미국 유학을 갔다온 후 일부러 가정법원 조정위원이 되었다. 그 직책에서 일하다가 퇴직한 후에는 재판 외의 분쟁 처리 방법에 관한 민간 네트워크에서 자원봉사를 했었는데, 지금은 우리 연구실의 〈임상 커뮤니케이션의 모델 형성〉이라는 프로젝트의 멤버 중 하나로 참여하고 있다.

세상의 눈으로 보면, 시간이 갈수록 우리의 사회적 지위가 점점 낮아지는 것처럼 보인다. 옛날이었다면 낙오자 취급을 받았을 것이다. 하지만 그에겐 그런 느낌이 전혀 없었다. 지위가 점점 낮아지는 가운데 그가 추구했던 것은 조정이나 이해가 아니라 '납득'이 아니었을까? 납득이란 개인에게 생겨난 일이 시간을 두고 몸 전체에 물들어가는 과정을 의미한다. 그것도 타인과 공유한 것만 겨우 그 안에 포함된다. 그 정도 되야, '이해는 안 되지만 납득은 되는' 일이 생겨나는 것이다.

▪ 폐를 끼쳐서 고맙습니다

간호사인 친구는 직장에서 곤란한 일이 생기면 언제나 한 간호사를 떠올린다고 한다. 그녀는 정신병동의 견습생으로 간호사 생활을 시작했었다. 그녀의 직속상관은 할머니 간호사였는데, 말이 없는 분이었다.

간호부장까지 지낸 후, 평범한 직책의 '할머니 간호사'로 근무하는 중이었다. 청소도 잘하고 주름 하나 없이 시트를 까는 모습은 그야말로 '아름다웠다'고 한다. 둘이서 한 중증 남성 환자를 담당했는데, 성미가 불같은 환자는 체구가 자신의 절반도 되지 않는 할머니 간호사에게는 웬일인지 고분고분했다고 한다.

내 친구는 지금도 그녀가 환자의 침대 옆에 잠자코 앉아서 그 환자의 옷들을 챙기던 모습이 영화의 한 장면처럼 떠오른다는 것이다.

생각하는 대로 되지 않는 것이 케어이다. 너무 잘 돌보는 것은 간호사에게는 힘들면서 환자에게는 부담이 되고, 너무 안 돌보면 환자의 불만을 사고, 환자를 위해 뭔가를 해도 환자가 그 뜻을 이해하지 못하는 일도 있다.

어떤 때는 상처가 되지 않도록 말하려다가 제대로 뜻을 전하지 못해 환자나 그 가족으로부터 오해를 받기도 한다. 이런 것 저런 것 다 따지다간 할 수 있는 것이 거의 없다. 그래서 그 할머니 간호사가 취한 행동은 케어가 필요한 사람 옆에 그저 있어 주는 것뿐이라는 것이었다. 그러면 환자는 자신이 케어를 받는다는 믿음이 생긴다는 것이었다. 도움이 필요한 사람 옆에 있어 주는 것만으로도 그 사람을 지켜주는 힘이 발휘된다는 것이었다.

전 일본 플라이급 복싱 챔피언이었고 나중에는 코미디언으로 활동한 타코 하치로의 묘비에는 '폐를 끼쳐서 고맙습니다'라는 글이 새겨져 있다. '폐를 끼쳐서 죄송합니다'가 아니라 '고맙습니다'라니! '폐를 끼치다'와 '고맙습니다'의 이 합성문에는 그가 주변 사람들로부터 받았던 따뜻한 손길에 대한 감사의 뜻이 내포되어 있다. 거기에는 말로는 다 표현할 수 없는 시간들이 촘촘히 쌓여 있을 게 틀림없다. 그는 자신이 폐를 끼친 것에 대해 세상 사람들에게 고마움을 표시했지만 나는 그에게 이렇게 말하고 싶다.

"엄청난 폐를 끼치면서, 사람들이 아무리 뭐라고 해도, 떠나지 않고 우리 옆에 있어 준 것에 대해 '고맙습니다'라는 인사를 드리고자 합니다."

외모가 마음에
들지 않을 때

: 1 :

여성이 화장을
하는 이유

Q '아름다운 피부'라든가 '미백 붐' 같은 미용
관련 사업이 번창하고, 아름다워지고 싶은
욕망으로 외모를 가꾸는 여성이 많습니다.
그 아름다움에 대한 동경이 오히려 부담이
되거나 콤플렉스가 되어 고민하는 사람도
많은데, 어떻게 생각하십니까?

기본적인 이야기로
시작해 볼까요? '화장'을 왜 하는지 아십니까? '인간의 아름다움을 연
출하는 것'을 화장이라고 하는데, 그렇다면 아름다움이란 건 또 무엇일
까요?

형태의 아름다움?, 풍부한 감수성?, 타인을 배려하는 마음? 여러 방
향으로 생각할 수 있을 겁니다.

이쯤해서 먼저 '화장'에 대해 생각해 볼까요? 근래에 '코스메틱cosmetic'이라는 단어를 자주 듣게 됩니다. 이 단어는 발음으로도 연상할 수 있듯이 어원은 '코스모스', 즉 우주입니다. 영어의 cosmic^{우주적}이라는 단어와 친척간이지요. 그러나 지금 사용되는 '화장'이라는 단어가 어떻게 우주와 관계가 있는지 의아해하는 사람이 많을 것입니다.

요즘엔 '화장'이 '화장한 것을 감추는 화장'이라는 좀 복잡한 의미도 포함되어 있으니까요. 원래 화장의 목표는 '내추럴 메이크업^{natural makeup}'입니다. 말하자면 '나는 원래부터 이런 얼굴'이라는 듯 화장하는 겁니다. "생얼이 이 정도!"라고 말하고 싶은 게지요. 내추럴 메이크업을 목표로 하는 사람에게는 자신의 얼굴이 '완전 화장한' 얼굴처럼 비춰지면 끝장인 겁니다.

옛날의 코스메틱은 현대의 내추럴 메이크업처럼 '화장하고 있는 것을 감추는' 것이 아니라 '나와는 다른 것이 되기' 위한 미디어였습니다. 화장으로 겉모습을 바꾸어 다른 사람이 되는 것, 그것은 변신한 자신의 모습을 외부에 노출하는 행위였던 겁니다.

지금도 지구상의 어느 지역에서는 새나 짐승 모양의 장식을 하기도 하고, 꽃이나 새에 지지 않을 만큼 화려하고 선명한 색체로 몸을 감싸는 사람들이 있습니다. 그것은 어쩌면 우주에 대한 인사 같은 것은 아닐까요? 다른 사람들을 향해서라기보다 우주를 향하여, 또는 다른 생명체를 향한 인사. 그렇게 인사하는 김에 '다른 사람들에게도 인사해둘까?' 싶은 마음 같은 것은 아닐까요?

그 영향이 현대의 화장에도 남아 있습니다. 지금도 화장을 하거나 장식을 할 때면 눈의 주변, 귀와 입 주변, 코에 중심을 두잖아요? 한마디로 보고, 듣고, 냄새 맡고, 맛을 보고, 감촉을 느끼는 감각기관을 중점적으로 꾸며왔던 겁니다. 감각기관들에 집중적으로 화장을 한 것은 그곳이 무언가를 느끼는 장소, 즉 우리 몸에서 '세계를 받아들이는 장소'이기 때문입니다. 이런 식으로 이야기하면 화장이 너무 거창하게 들릴지 모르지만, 코스메틱에는 그런 우주적인 의미가 포함되어 있습니다.

화장이 문자 그대로 변신을 위해 존재하는 문화에서는, 맨얼굴과 화장을 하여 가면을 쓴 것처럼 보이는 얼굴을 진짜와 가짜로 나누지 않습니다. 그저 옷을 갈아입는 것처럼 자연스럽게 받아들입니다. 화장을 통해 가면으로 변신한 모습과 맨얼굴의 상태를 자유롭게 넘나드는 감수성을 옛날 사람들은 지니고 있었던 겁니다.

: 2 :

이미지의
미세한 조정

Q

요즘 여성들의 메이크업은 '우주에게의
인사'와 다릅니까?

'내추럴 메이크업' 이
야기로 돌아가 보면, 내추럴 메이크업이란 앞서 말한 것처럼 '나는 태
어나면서부터 이런 아름다운 얼굴을 가지고 있답니다'를 연출하는 일
입니다. 자기 자체를 변화시키는 것이 아니라 자신의 다른 이미지를 끌
어오거나 꾸미는 것입니다.

그러니 '우주에게의 인사'라기보다는 자신과 다른 사람들 사이에서
'자신의 이미지를 미세 조정'하는 셈이죠. 요즘의 화장은 자신의 이미
지를 만드는 작업으로써의 성격이 강합니다. 의식이 우주를 향해 있는
것이 아니라 다른 사람 쪽, 즉 옆을 향해 있는 겁니다.

맨얼굴을 자신이 원하는 이미지로 만들어 보여주는 것이 바로 내추
럴 메이크업입니다. 그렇다면 짙은 화장으로 얼굴을 가면처럼 만들었던

143
외모가 마음에 들지 않을 때

것보다도 오히려 이쪽이 '가면'의 이미지에 가까울지도 모르겠습니다.

게다가 '내추럴 메이크업'이라는 게 실은 모순된 개념이잖아요? '내추럴natural' 혹은 '네이처nature'란 단어는 인간의 손이 닿지 않은 그대로의 모습을 가리키는 것인데, 메이크업은 자연을 가공한다는 말이니까, '내추럴 메이크업'은 모순된 단어들의 합성어입니다. 이런 단어가 얼굴에 대해, 화장에 대해 사용된다는 것은 아주 재미있는 일입니다.

화장을 지울 때, 많은 사람들이 '얼굴을 지운다'고 표현하잖아요? 뭔가 밋밋한 듯한, 이런 말을 하면 이상하지만, 얼굴이 함몰되는 것 같은 상상이 떠오릅니다. '얼굴을 지운다'는 말이 참 재미있습니다. 메이크업은 얼굴을 기호화 하는 것이니까 기호를 지우면 얼굴도 없어지는 셈이죠.

요즘은 모델이나 탤런트의 메이크업된 얼굴이 복제되어 텔레비전이나 잡지 등 미디어를 통해 일률적으로 배급되고 있습니다. 미디어를 통해 전파되는 얼굴들에 적용된 화장법이 그 시대의 패션으로 통합니다. 아주 균일하고 획일적인 메이크업이 세상에 퍼져 나가는 것이지요. 그래서 젊은 사람들의 얼굴이 똑같아 보이는 모양입니다. 요즘엔 얼굴이 의상처럼 패션화된 것 같습니다.

화장

화장과 향기에 관한 문장을 소개해 본다.

테라야마 슈지寺山修司의 《청녀[1]론青女論―여러 종류의 연애 강좌》에 나오는 문장이다.

> "나는 화장하는 여자를 좋아합니다. 허구에 의해 현실을 넘어서려는 에너지가 느껴지기 때문이지요. 화장은 게임이기도 합니다. 얼굴을 새하얗게 바른 여자에게는 '그래봤자 인생이 그렇지 뭐.' 같은 말을 할 정도의 여유도 느껴집니다. ……화장을 여자의 나르시시즘의 탓이라고 치부해버리거나 속물근성의 사치라고 비판하는 자는, 여자의 일생을 지켜주는 힘이 상상력 안에 있다는 사실을 모르는 사람입니다."

테라야마 슈지의 《행복론》에 나오는 문장이다.

> "백설 공주의 계모가 거울을 보면서 '이 세상에서 가장 아름다운 사람은 누구냐?'라고 묻는 장면만 봐도, 아름다운 것에 대한 동경이 어떻게 행복을 오염시키는지는 일곱 난쟁이가 아니라도 알 수 있다."

다음은 시인 보들레르Charle Baudelaire의 《현대 생활의 화가Le Peintre de la vie moderne》에 나오는 대목이다.

---

1. 청녀(青女) : 서리를 내리는 여신, 혹은 서리의 다른 이름.

"얼굴에 색을 바른다는 행위가 아름다운 자연을 모방하고 젊음과 경쟁하는 것처럼, 비속하고 저속한 목적으로만 행해지는 것은 아닐 것이다. 모두들 알고 있겠지만, 인공적으로는 추한 것을 아름답게 만들지는 못한다. 다만 아름다운 것을 추종할 뿐이다. 자연을 모방하는 하등 쓸모없는 기능을 예술의 일부분으로 할당한 이유가 무엇이겠는가? 그러므로 화장이란 행위를 통해 스스로를 감추거나 속내를 보이지 않으려 애쓸 필요는 없다. 비록 과시까지는 아니어도 그저 일종의 천진함으로 스스로를 뽐내도 좋은 거다."

: 3 :

의복의
에로티시즘

Q

패션은 어떻습니까? 여성이 모양을 내는
일도 '다른 나'로 꾸미는 건가요?

　　　　　　　　　　　　　　　그 부분을 논하기 전
에 옷의 역할에 대하여 간단히 이야기해 봅시다. 옷은 '피부의 카피'라
는 말이 있습니다. 자신의 살 위에 옷이라는 또 한 장을 걸침으로써 원
래대로라면 피부여야 할 사람의 '표면'이 옷의 표면으로 옮겨진 것입
니다.

피부의 겉은 당연히 나의 겉모습이어야 하는데 옷을 걸치면 '옷의
안쪽'이 나의 안쪽이 됩니다. 그래서 잘 알지도 못하는 사람이 옷 속으
로 불쑥 손을 들이밀면 깜짝 놀라는 겁니다. 의사에게 진찰받을 때마저
도 처음엔 저항감이 들잖아요?

이렇게 생긴 공간, 즉 피부와 옷 사이는 자신의 안이기도 하면서 바
깥이기도 한 어정쩡한 지역입니다. '피부와 의복 사이의 공간'은 보통

은 '내 비밀의 부분' 혹은 '타인이 들어오는 것을 허락하지 않는 공간'이라고 느끼게 됩니다.

이러한 의식에서 드러나는 것이 에로티시즘입니다. 의복의 에로티시즘이란 보이는 것을 통해 보이지 않는 비밀의 무언가를 상상하는 것만이 아닙니다. 직선으로 재단된 의복 라인과 인체의 곡선이 대비하여 성립된 '나'라는 존재가 옷과 피부 사이에 존재하기 때문에 야릇한 기분이 되는 것이지요.

이쯤해서 화장과의 관계를 이야기해 봅시다. 얼굴에서 메이크업을 지우면, 이른바 보통의 얼굴보다 뭔가 빠진 인상을 줍니다. 마찬가지로 옷을 벗은 우리의 나체 또한 무언가 빠진 느낌, 무방비한 느낌, 혹은 상처받기 쉬운 느낌을 줍니다. 사실은 맨살이 보인다고 해도 그곳은 아직 자신의 바깥쪽에 불과한데, 마치 자신의 안쪽을 보이는 것 같은 착각이 듭니다.

의복은 신체의 메이크업입니다. 평론가인 가토 히데토시加藤秀俊 씨가 현대의 복장을 보고 서술한 문장에 이런 부분이 있습니다.

"현대사회는 자유로운 사회일 터, 여러 사회의 예를 살펴보아도 복장의 규정에 관한 부분은 거의 없다. '양복을 입으시오'라는 규정은 거의 없다. 그럼에도 불구하고 사람들은 스스로 앞서서 제복처럼 같은 복장의 형태로 몸을 감싸고 있다. 이런 사회를 진짜 자유로운 사회라고 부를 수 있을까?"

의복이 제복화되었다기보다 옷을 입는 우리들의 의식 자체가 제복화되어 있는 것은 아닌지 묻고 있는 것입니다.

패션

패션에 관한 책 중에 내가 제일 먼저 권하고 싶은 건 버나드 루도프스키 Bernard Rudofsky의 《꼴사나운 인체The Unfashionable Human Body》이다. 작가는 신데렐라 이야기를 패션 우화로 변환시켰다. 구두를 발에 맞추는 것이 아니라 발을 구두에 맞추는 것이 패션의 룰이라는 주장을 펼친다. 신체의 변형을 위한 옷 꾸밈새의 기법이 어떻게 셀프 이미지를 만드는지, 어떻게 성적 감각을 일으키고 조작해 가는지를 유머러스하게 그려내고 있다.

: 4 :

과격한 메이크업이
유행하는 이유

Q
하지만 젊은이들 사이에서는 괴상한 메이
크업이나 패션이 유행하기도 하잖습니까?

메이크업을 하고 있
다는 사실을 감추지 않는 기술이 오랜만에 부활했더군요. '내추럴 메이
크업'의 반대라고 보면 되겠지요. 푸른 멍이나 피가 섞인 물집을 생각
나게 하는 메이크업에, 햇볕에 그을리다 못해 타버린 것 같은 메이크
업, 마귀할멈을 연상케 하는 메이크업까지……. 이른바 그로테스크한
메이크업이 넘쳐납니다.

게다가 피어싱은 또 어떻습니까? 단순히 귀걸이를 말하는 것이 아닙
니다. 얼굴은 물론 몸 곳곳에 구멍을 뚫어대는 그 피어싱 말입니다. 피
어싱은 역사적으로 말하자면 조몬繩文시대[2] 이후의 부활입니다. 2천 년
가까이 우리들은 몸에 구멍을 뚫거나 살갗에 상처를 내는 패션을 멀리
해왔습니다. 금속이나 돌로 몸을 장식하는 습관도 거의 없어진 셈이었

지요. 그랬던 것이 외국에서 불어닥친 피어싱 바람이 젊은이들 사이에서 퍼지기 시작하자, 나이 든 여자는 물론 남자들에게까지 급속도로 퍼져나갔습니다. 백화점의 장신구 판매장만 가보아도 피어싱 액세서리가 다른 장신구들에 비해 그 종류가 훨씬 많더군요.

　이것은 멋이나 유행으로서는 작은 변화일지도 모르지만, 복식의 역사를 생각하면 아주 커다란 기점이 아닐 수 없습니다. 마귀할멈 메이크업 같은, '메이크업한 사실을 감추지 않는' 메이크업은 예전에는 싸구려 취급을 당하거나 괴상한 취미라고 수군거렸습니다. 지금은 전혀 아름다움과는 거리가 먼 그런 화장법이 사회 속에 정착되는 중입니다. 그것이 복식 역사 속에서 무엇을 의미하는지는 아주 흥미로운 일입니다.

2. 조몬시대(繩文時代) : BC 13000 ~ BC 300, 중석기에서 신석기에 이르는 시기에 해당된다. 이 시대의 것으로 추정되는 토기에 새끼줄 문양이 있어서 조몬시대라는 이름이 붙여졌다.

: 5 :

특별한 의미를
지니는 피부

Q

이야기가 되돌아가지만, 왜 여성은 이렇게
매일매일 질리지도 않고 메이크업에 시간
과 돈을 허비하고 있는 것일까요? 특히 요
즘은 생얼 케어에 모두들 필사적인데요.

그것은 피부라는 것
이 개인에게 있어서 특별한 의미를 지니고 있기 때문일 겁니다. 피부라
는 것은 인간에게 아주 중요한 '가장자리'입니다.

'가장자리'란 어떤 것과 어떤 것을 구별하는 경계, 또는 자신이 이질
적인 무언가와 접촉하는 면입니다. 어떤 것이 어떤 것이 되지 않게 되
는 곳이죠. 강이 강이 아니게 되는 곳이 물가이며, 내가 내가 아니게 되
는 곳이 피부이며, 시내가 시내가 아니게 되는 곳을 변두리라고 하는
것처럼 말이죠.

재미있는 것은 가장자리라는 장소는 에너지가 충만한 곳이기도 하

다는 겁니다. 예를 들어 물과 대지가 접촉하는 물가는 식물의 생명력이 가장 왕성한 곳이지요.

그러나 현대문명 안에서 강은 이미 콘크리트로 덮여 있습니다. 방재를 위해서는 아주 중요하겠지만, 식물의 생명력이라는 시점視點에서 보자면 자연 에너지를 봉쇄하는 장치이기도 합니다. 물가는 식물의 생명력을 강화시켜주는 장소이기 때문이죠.

변두리나 국경도 정체를 알 수 없는 지점입니다. 즉 '아슬아슬한' 곳인 거죠. 그런 의미에서 '가장자리'는 에너지가 충만한 장소이면서, 동시에 아주 위태로운, 위험한 장소이기도 합니다.

인간의 '가장자리'인 피부도 아주 중요한 부분입니다. 나 이외의 것과 접하는 면이기도 하면서 나의 겉과 속의 경계이기도 하니까요.

인간이 사회질서를 유지하기 위해서는 나와 나 이외의 것에 대한 구별이 아주 중요합니다. 만약 자신이 소유하고 있는 물건을 타인의 것과 구별하지 못한다면 바로 도난 문제로 이어지니까요. 무엇이 내게 속하고 무엇이 내게 속하지 않는지를 분명히 판단함으로써 비로소 사회생활을 영위해 나갈 수 있는 겁니다. 우리의 몸에서는 그 경계를 '피부'라고 부를 뿐이죠.

물가와 마찬가지로 피부도 왕성한 생명력을 품고 있는 장소, 여러 의미로 에너지가 높은 장소입니다. 다른 말로 하면, 인간의 피부는 자신과 사회 사이의 트러블, 또는 자신과 외부세계 사이의 트러블이 나타나는 곳입니다.

닭살이 돋거나 습진이 생기거나 두드러기가 나는 것으로 알 수 있듯이, 자신과 자신 외의 관계에 트러블이 있으면 대부분은 먼저 피부에 나타납니다.

사람들은 침이나 소변, 대변을 더럽다고 생각하는데, 이것들이 인체의 구멍을 통해 겉과 속을 들락거리기 때문입니다. 체내에 있을 때는 아무도 더럽다고 생각하지 않던 것이 나오는 순간 더러운 게 되는 거죠.

사람들은 안인지 밖인지 알 수 없는 어정쩡한 상태를 회피하려고 합니다. 아마도 그것은 나와 내가 아닌 것, 몸의 안과 밖을 확실히 구별함으로써 공동생활의 질서를 만들고 있기 때문일 겁니다.

패션이나 화장도 인체의 가장자리, 표면에 관계되는 행위의 하나지만, 우리 사회는 최근 100여 년 사이에 인간의 가장자리를 꽤나 변모시켰다는 생각이 듭니다.

일단 가장자리가 애매모호해졌다고나 할까요? 어정쩡해졌다는 느낌입니다.

무슨 말인고 하니, 전화나 텔레비전 등의 원격통신 미디어가 없었던 시절에는 '감각 표면'과 '피부의 표면'이 일치하였습니다. 즉 손끝으로 느끼고, 코로 냄새 맡고, 귀로 듣는 것처럼 피부가 무언가를 느끼는 감각의 표면이었다는 말입니다.

하지만 지금은 어떻습니까? 전화라는 매체를 통해 수백 킬로미터 떨어져 있는 사람과도 마치 그가 옆에 있는 것처럼 소곤소곤 이야기를 나눌 수 있고, 텔레비전이라는 매체를 통해 마치 내가 조난 현장의 헬리콥터에 올라타 있는 기분을 느낄 수 있습니다.

이와같이 인체에 미디어가 접촉하게 됨으로써 피부가 했던 역할이 작아졌습니다. 감각이 발생하는 장소와 피부가 일치하지 않게 되었다는 말입니다.

하지만 또 한편으로는 지난 100여 년 사이에 가장자리를 더더욱 강화하며 발전시키기도 했습니다. 가장 알기 쉬운 것이 상품의 전시 방법입니다.

19세기에 이른바 '쇼윈도'가 생겨난 다음부터는, 눈앞에 강렬하게 욕망을 자극하는 상품이 있지만 상품과 나 사이에는 유리벽이 있어서 그 너머로밖에 볼 수 없었습니다.

볼 수는 있지만 만질 수는 없는 형태로 사람들의 욕망을 자극했던 것이지요. 손님과 상품을 떨어뜨려놓는, 즉 경계를 강화하는 것으로 판매 효과를 높이려고 했던 겁니다.

그것이 현대사회에 와서는 카탈로그나 텔레비전 광고라는 형태로 나타납니다. 정말 있는 것처럼 보이지만, 만지면 그저 종이나 화면에 불과한 그 격리감이 사람의 호기심과 욕망을 자극하는 것입니다.

사람과 사람 사이에서도 같은 일이 일어나고 있습니다. 은행에 가도, 지하철을 타도, 시내 어느 곳에든 감시카메라가 설치되어 있습니다. 그것은 감시하는 자와 감시당하는 자가 직접 접촉하지 않기 위한 수단이라고 할 수 있지요.

요즘 사회에서는 사람과 사람의 관계에 직접적인 접촉, 감각적인 스침이 거의 없어졌습니다.

근대사회는 사람과 외부의 접촉으로 인한 무질서가 생겨나지 않도록 질서가 형성되어져 왔다고 해도 과언이 아닙니다. 청결 신드롬이나 섹스리스는 어쩌면 이런 경계를 강화하는 연장선상에서 나온 감수성인지도 모르겠습니다.

: 6 :

**텔레비전은
훔쳐보기 장치**

Q

'경계의 애매모호'와 '경계의 강화'가 동시
에 일어난다는 말씀이신데, 그 둘의 관계
는 어떻게 되는 겁니까?

일상적인 예로 텔레
비전을 한 번 생각해 봅시다. 텔레비전이라는 미디어는 실은 훔쳐보기
의 장치입니다. 텔레비전에서는 캐스터가 정말 내게 말을 거는 것처럼
내 눈을 보면서 이야기를 합니다. 마치 매직미러 너머로 보는 것처럼
우리들은 캐스터를 접합니다.

모르는 사람이 갑자기 말을 걸어오는 것을 상상해 보면 알 수 있지
만, 그때 두 사람 사이에는 아주 강력한 자력이랄까, 자장이 발생합니
다. 얼굴을 마주한다는 것은 강렬한 자장을 경험케 하는 행위입니다.

그러나 텔레비전을 볼 때는 그런 자장을 경험할 수 없습니다. 캐스
터가 오늘 어떤 넥타이를 매고 있는지, 어떤 매니큐어를 칠하고 있는지

외모가 마음에 들지 않을 때

빤히 바라볼 뿐입니다. 평소라면 실례가 될 만한 일들을 아무렇지도 않게 하는 것이지요.

텔레비전에만 한정된 것이 아닙니다. 우리들은 마치 훔쳐보기와 같은 형태로 다른 사람이나 물건과 관계를 맺습니다. 그러한 습관이 자신도 모르는 사이 어느 새 깊이 뿌리를 내려온 것 같습니다.

'경계'가 강화되어 사람이나 물건을 직접적으로 접촉하지는 않게 되었는데, '훔쳐보기'라는 시각을 이용하여 그 모든 경험을 충분히 할 수 있게 되었습니다. 결국 '경계'를 완화시키는 움직임도 등장하는 겁니다.

: 7 :

질척거림에
대한 욕망

Q

그렇게 '경계'의 형태가 변하면 우리들은
어떻게 되는 걸까요?

쉬운 예로, 통화를 길
게 하고 있으면 오감 중에서 청각만이 돌출하여 외부의 자극을 받습니
다. 결국 청각만이 필요 이상으로 자극을 받아 오감의 밸런스가 무너지
고 일그러지는 것이지요.

인간의 몸은 그 밸런스를 회복시키기 위해 자극이 집중되어 있는 감
각 이외의 다른 감각들에 스스로 자극을 가합니다. 청각 이외의 부분
들에 관한 정보를 늘리려고 하는 거죠. 만약 눈앞에 메모용지와 연필
이 있으면 대부분의 사람들이 통화를 하면서 낙서를 합니다. 그저 의미
없는 동그라미나 삼각형 같은 것을 그리지요. 그것이 두 개, 세 개가 되
고, 네 개가 되고 점점 늘어납니다.

나중에 보면 기분 나쁘다고 해야 할까, 기묘한 추상화가 되어 있습

니다. 의식 없이 했던 바로 그 행동이 눈의 자극, 그리고 감각의 자극을 스스로에게 주었던 것이죠. 긴 통화로 인하여 청각만이 돌출된 불안정한 감각의 밸런스를 회복하려고 하는, 어떤 의미에서는 아주 건강한 몸의 대처법입니다.

'경계의 애매모호'와 '경계의 강화'라는 공존으로 인하여 우리가 가장 목말라 하는 감각은 '촉각'입니다. 예전에는 엉겨 붙고, 미끈거리고, 끈적거리는 것은 나와 외부의 가장자리인 '경계'를 애매모호하게 만드는 물질로, 꺼림칙하고 불쾌한 것들이었습니다. 그 불쾌했던 것들이 이제는 오히려 사람들의 욕망을 자극하게 되었습니다. 음식도 그렇고, 오일 마사지나 진흙 팩 같은 것이 유행하는 것만 봐도 그렇습니다.

이런 감각을 전형적으로 표현한 광고가 있습니다. 바로 1990년대의 전반에 올리비에로 토스카니Oliviero Toscani라는 사진가가 제작한 베네통의 광고 사진입니다.

그 시절의 베네통 광고는 에이즈 문제, 걸프 전쟁, 마피아 항쟁, 유고 전쟁, 혹은 인종 차별과 같은 현대사회의 아주 어려운 문제들을 표현하여 '사회파 광고'로 화제가 되었습니다.

그러나 토스카니의 사진이 노린 것은 그런 것들이 아니지 싶었습니다. 그것들이 제시한 테마는 매일처럼 신문에 등장하는 것들이었습니다. 그렇게 생각하면, 광고에서 이야기하는 주제는 현대의 상투적인 문제일 뿐 새로운 것이 아니었습니다. 그 광고가 주는 새로움은, 사실 손에 닿는 감촉에 있습니다. 영상이 주는 촉감이 새로웠던 것이지요.

예를 들어, 걸프 전쟁을 소재로 한 사진 속의 주인공은 미끈거리는 기름으로 범벅이 된 새였고, 유고 전쟁을 소재로 한 것은 전사자의 피와 진흙이 붙은 의복이었습니다. 그리고 마피아 항쟁에서는 도로를 붉게 물들인 끈적끈적한 피였습니다. 에이즈 문제에서는 아주 깨끗한 색색의 콘돔을 늘어놓아 고무의 감촉을 내세웠습니다. 양수에 흠뻑 젖은 갓난아기가 자궁에서 방금 나온 사진도 있었지요. 그야말로 미끌미끌한 아기였습니다.

이들 사진들의 진정한 의미는 '지금은 촉감이 패셔너블'이라는 메시지가 아닐까요? 이제는 물건의 감촉이야말로 우리들의 욕망을 쏟아붓는 대상이 되었다는 생각이 듭니다.

청결 지향의
안쪽에 있는 것

Q

하지만 저는 지금 말씀하신 것들을 일부러
만지고 싶다는 생각은 안 드는데요. 지금
은 청결 지향적이라 오히려 반대 방향으로
가고 있지 않습니까?

만지고 싶어 하는 욕
망을 갖고 있다 해도 실제로 만지는 것은 두려워하고 불안해합니다.
그래서 토스카니는 만져도 끈적거리지 않는 사진이라는 매체를 통해서
끈적거림을 표현한 것이죠.

현대사회는 청결 신드롬의 시대입니다. 젊은 사람들만이 아니라 연
배가 있으신 분들도 매일 샤워를 하고 샴푸를 한다고 합니다. 담배연기
가 자기에게 오는 게 싫고, 기름진 머리칼로 다니는 사람을 보는 것조
차 싫어합니다. 타인과는 냄새로나마 섞이고 싶어하지 않습니다. 언제
나 찰랑거리고 매끄럽고 상쾌하고 싶기에 자신과 이물질의 접촉이 불

안한 겁니다. 만지면 마치 자신이 오염될 것 같은 불안감 때문에 청결에 청결을 더하는 거죠. 그러나 그렇게 접촉을 꺼리는 사람들이기에 더욱 강렬한 욕망을 품게 되는 것이지요.

도쿄에 있는 기생충박물관이 한동안 젊은이들의 데이트 장소로 각광받았던 적이 있었습니다. 또 실제로 경험하면 끔찍할 테지만, 비디오의 세계에서는 피가 튀기는 호러영화를 즐기는 기묘한 지향성을 보입니다. 우리들 내면에 있는 '접촉 불안'과 '접촉 갈망'이라는 두 개의 대립되는 욕망을 한꺼번에 실현시키려고 하는 거죠.

투명한 막을 통하여 서로 관계를 맺고, 그 막 너머로 물건과 접촉하는 도시생활을 건축가인 이토 토요오(伊藤豊雄) 씨는 '랩 시티'라고 부릅니다. '투명막 도시'인 거죠. 사람들이 무언가를 만질 때, 사람과 접촉할 때조차도 마치 없는 것 같은 투명한 피막을 사이에 두고 있다는 사실을 표현한 것입니다.

'랩 시티'를 가장 적나라하게 체험할 수 있는 곳이 바로 마트입니다. 마트는 고기, 생선, 야채, 과일, 밀가루 등 일용품이라면 뭐든 다 있습니다. 모두 제각각의 기능을 가지고 있지만, 우리가 느끼는 감촉은 한 가지뿐입니다. 즉 투명 랩의 감촉이지요. 다른 촉각들을 지녔을 것임에도 불구하고, 실제로는 균질적이고 균일한 촉각만을 얻을 수 있는 장소가 마트입니다.

고기를 만지고 생선을 만졌다고들 생각하지만, 사실 손끝에 느껴지는 것은 랩의 감촉일 뿐입니다. 의식하지 못하는 사이, 현대사회에는 이 '균일한 촉감'이 점점 퍼져나가고 있습니다. 그래서 점점 더 만지고 싶고, 촉감을 갈망하는 욕망이 강해지는 건 아닐까 싶습니다.

촉각, 즉 감촉은 우리들이 외부 세계와 접할 때 제일 먼저 느끼는 감각입니다. 물건의 리얼리티를 느끼는, 그 근원에 있는 감각이지요. 가장 근원적인 감각을 통해, 무엇을 만지든 똑같은 느낌이라면 아마도 우리들의 감각 자체가 변하고 말 겁니다. 어쩌면 이미 시작되고 있는지도 모르죠. 게임이나 영상의 세계에서는 리얼real과 하이퍼리얼hyperreal[3], 버추얼viltual을 구별할 수 없게 되었으니까요.

:9:

정말 좋은
얼굴이란

Q 다시 화장 이야기로 돌아가서 좀 더 이야
기를 듣고 싶습니다. 지금 말씀하신 것처
럼 피부라는 것이 경계의 위치를 변화시킨
다면, 메이크업이나 얼굴에 대한 우리들의
생각도 변할까요?

　　　　　　　　　　　　요즘 사회에서는 말
그대로 '얼굴을 들이민다'라는 것이 점점 없어지고 있습니다. 앞서 말
한 것처럼 얼굴이란 본래 정면으로 마주하고 서게 되면 강렬한 자장의
힘을 가지게 되지만, 텔레비전의 얼굴과 내 얼굴 사이에는 그러한 자장
이 형성되지 않습니다. 내 앞에 있는 것은 사람의 얼굴이 아니라 그저
오브제와 같은 것입니다.

　텔레비전을 마주보고 있을 때만이 아닙니다. 이동 수단인 전철 안
에서 아무렇지도 않게 화장을 하는 사람들이 있습니다. 그리고 사람들

의 얼굴을 빤히 쳐다보는 사람이 늘어나고 있습니다. 이걸 뭐라고 표현하면 좋을까요? 얼굴을 마주해서 얻었던 에너지에 대한 감각을 상실했다고 해야 하나? 아무튼 이 감각의 상실이 일상생활 속에 퍼져 있는 것 같습니다.

옛날에는 '나이가 새겨진 얼굴'이라는 말이 있었습니다. 얼굴에 시간이 새겨져 있었지요. 그 사람이 살아온 시대와 겪은 일들을 얼굴을 보면 알 수 있었던 겁니다. 그런데 요즘은 그런 얼굴을 가진 사람이 적어졌다는 생각이 듭니다.

'사람의 얼굴'이란 안면만을 뜻하는 게 아니라, 원래는 신체의 표정이 아니었을까 싶습니다. 시간의 무게가 만들어준 신체의 표정이 본래의 '얼굴'은 아닐까요? 현대에는 그저 안면이라는 겉모습으로 의미가 축소되어 버렸지만 말이죠.

예를 들어, '그 사람은 누군가?'를 표시하는 신분증에 나오는 것은 후두부도 아니고, 등도 아니고 얼굴이잖아요. 사람이 어떤 시간을 살아왔는지를 얼굴 모습으로 압축하여 표현하는 시대입니다.

하지만 우리는 사실 그저 등을 보는 것만으로도 '그 사람'이라는 것을 압니다. 아마도 몸의 표정에 민감했었던 게지요. 그랬던 것이 그 사람이 누구인가를 얼굴에 집중시키고 축소시켜 이야기하게 되었습니다.

지금의 화장은 한 인간이 살아온 시간을 신체의 표면에서 제거하려고 합니다.

---

3 하이퍼리얼(hyperreal) : 허구이면서 진짜에 더없이 가까운 실재성을 가지고 있는 것.

5분 만에 답을 찾는 모든 심리 연구소

항상 젊어 보이게 하는 화장, 늙은 것을 회피하고자 하는 화장은 피부를 방수가공 처리라도 하듯 세월을 동결시키려고 합니다. 얼굴에 나타나야 할 '자신이 살아온 시간'과 마주하는 고통도 화장으로 제거해버리는 것이죠.

그러나 그것이 진정한 '얼굴'일까요? 그렇게 시간을 없애버린 얼굴이 아름다운 얼굴일까요?

현대사회에서는 나이 먹는다는 것을 '피폐해진다거나', '권태롭다거나 쇠약해진다거나', '해이해진다거나 무너진다'고 하는, 나쁜 이미지로만 떠올립니다. 그리하여 사람들은 언제까지고 젊음을 원하게 되는 겁니다.

그러나 나이를 먹는 것이야말로 존경받을 만한 일이라는 느낌을 주는 화장이 있어도 좋지 않을까 싶습니다. 혹은 지난 시절에 대한 추억을 깊이 느끼게 해주는 메이크업이 있어도 좋지 않을까요?

그런 점에서 제가 주목하고 있는 패션 디자이너가 있습니다.

야마모토 요우지山本輝治 씨는 시간에 경의를 표할 줄 아는 패션 디자이너입니다. 대부분의 패션 디자이너들은 새로운 옷을 만들기 위해서는 새로운 것을 필요로 합니다. 그런데 야마모토 씨는 그 '새로운 것의 냄새'를 아주 싫어합니다.

그는 '시간을 디자인하고 싶다'고 말합니다. 그리하여 낡고 구깃구깃한 천을 사랑합니다. 또한 웨이브가 아름다운 옷을 디자인합니다. 그 천 혹은 곡선 속에 시간이 깊이 스며들기 때문입니다.

메이크업 또한 같은 식으로 말할 수 있겠지요. '아름다운 얼굴'이나

'아름다운 몸'은 정말 지난 세월이 제거된 젊은 얼굴이나 몸을 말하는 것일까요? 그것은 단순히 시간이라는 흔적이 지워진 얼굴, 즉 누구의 것도 아닌 무명의 얼굴인 것은 아닐까요? 시간에 대한 번민도 슬픔도 상처도 없는 얼굴……. 그것은 결코 아름다운 얼굴이 아닙니다.

눈가의 주름이 멋지게 느껴지는 여성이 있습니다. 혹은 손등의 가는 주름이 참으로 정겹게 느껴지는 사람이 있습니다. 하지만 그 아름다움에 대한 저의 예찬을 좀처럼 믿어주지 않네요. 언젠가는 그들에게 '아름답다'는 말을 아무런 망설임 없이 전할 수 있었으면 좋겠습니다.

코스메틱은 일단 '미美'라는 관념에서 떨어져 나가는 편이 좋을지도 모르겠습니다. 촉촉한 피부, 윤기 나는 피부, 탱탱한 피부……. 물론 그

나이를 먹는다는 것

튼 살과 깊은 주름이 새겨진 손과 발. 그곳에는 '젊음'이라는 강박관념에서 잘려나간 눈빛이 있다. 시간의 번민, 역사의 아픔, 시대의 슬픔 같은 것들은 시간을 두고 계속 지켜보아야만 한다. 결국 그 모든 고뇌가 매혹적으로 보일 때까지…….

야마모토 요우지 山本輝治

야마모토 요우지라는 디자이너의 깊이 있는 이야기를 차분히 듣고 싶은 사람에게는 빔 벤더스 감독의 영화 《도시와 의상에 관한 비디오 노트 Notebook on Cities and Clothes》를 추천하고 싶다.

런 것들도 필요하겠지만, 인생의 여러 단계를 각각 밝혀줄 수 있는 코스메틱이 있으면 좋겠다는 생각을 해봅니다.

외모가 마음에 들지 않을 때

처방전 ❶

멋쟁이란?

출근 준비를 하든 아침밥을 짓든 우리는 매일 아침 옷을 갈아입는다. 그때 '오늘은 무얼 입지?' 하고 잠시 생각한다.

무슨 생각으로 옷장 앞에서 망설이고 있는 걸까? 오늘 갈 곳, 오늘 만날 사람······ 아마도 그런 장소를 떠올리면서 이걸 입을까 저걸 입을까 망설이는 것일 게다. 기분전환 삼아 잠시 외출하고 싶을 때도 그 옷을 입고 나가 우연히 누군가를 만나는 장면을 살짝 떠올려본다. 그렇다, 옷이란 다른 사람 앞에 '나'를 내보일 때 자신이 어떤 모습으로 있어야 할지를 의식하고 결정하는 도구이다.

타인 앞에 나설 때 사람들은 각자 생각하는 바가 있다. 원래의 자신보다 더 잘나게 보이고 싶은 사람도 있고, 오히려 눈에 띄지 않으려고 애쓰는 사람도 있다. 그렇게 자신을 원하는 대로 드러내는데 기여하는 것이 바로 옷과 메이크업이다. 이런 반복된 연출이 일상의 '나'가 되어

5분 만에 답을 찾는 모든 심리 연구소

버리는 거다. 예를 들어, 앉을 때의 자세나 달릴 때의 모습을 보면 그 모습이나 실루엣에서 바로 성별을 알 수 있다. 그러나 사실 이것은 타고난 성별에서 오는 것이라기보다 '남자답다' 또는 '여자답다'라고 하는, 시대의 관념이나 이미지에 따른 옷(더욱 상징적인 것이 바지와 치마의 차이, 또는 헤어스타일과 속옷의 차이다)을 몸에 걸침으로써 '나'의 자연스러운 몸가짐으로 정착해온 것일 뿐이다. 따라서 시대를 아우르는 남녀의 관념이나 이미지를 벗어난 사람은, 먼저 헤어스타일을 바꾸고 복장도 바꾼다.

하지만 모든 사람들이 세상과 싸우려들지는 않는다. 대부분의 사람들은 대다수의 사람들이 입는 옷과 전혀 다른 종류의 옷 입는 것을 두려워한다. 다른 이들과 완전히 똑같으면 '나'가 없어져 버리지만, 그렇다고 전혀 다르면(예를 들어, 동그란 모양의 의상을 입는다면) '나'까지 함께 무너져버리기 때문이다.

사람들은 다른 이들과 똑같은 것도 유별난 것도 원하지 않기에 옷장 앞에서 망설이는 것이다. 따라서 '개성적'이라는 말로 포장하기는 해도 우리들 대부분은 다른 이의 모습을 보면서 자신을 연출하는 법을 조금씩 조정하고 있는 것에 지나지 않는다. 유행(다수가 입고 있는 옷)에 약한 것도 그런 이유 때문이다. 유행이 변하면 아깝다고 생각하면서도 그 옷은 더 이상 입지 않는다. '아직 입을 수 있지만 더 이상 입을 수 없는', 그것이 바로 유행의 정의이다. 지금까지 우리들은 아직 입을 수 있는 옷을 계속 처분해오지 않았던가?

유행에 대해서도 한마디 해보자. 요즘은 패션 타깃이 옷에서 피부로 그 중심이 옮겨간 것 같다. 골반바지를 입어 배꼽을 내놓고, 피어싱에, 매니큐어에, 염색에……. 여성들은 신체를 메이크업하는 일에 몰두하고 있다. 몸에 대해 신경을 쓰는 만큼, 그것과 밸런스를 맞추기라도 하듯 복장은 아주 간편해졌다.

왜 패션 의식이 옷에서 피부로 옮겨졌는가는 자상自傷 행위와 미용 성형, 나아가 섹슈얼리티의 변용이라는 문제와 함께 생각해야만 하는 현대문화의 일부분이다. 어쨌든 1990년대쯤부터 일기 시작한 과도한 패션 의식은 그것 자체가 패셔너블이라는 감각으로 정착해왔다.

그 일환으로 봐야 할지 어쩔지 모르겠지만, 직장에서는 지금도 '자유 복장'을 인정하는 곳이 많다. 원래 남성복의 완성은 양복과 넥타이라고 할 수 있다. 몸의 세부적인 특징을 감출 수 있고 쪼그리고 앉았다 일어나도 옷이 원래 형태로 돌아오니까, 어떤 체형이라도 반듯해 보이는 것이 양복이다.

그런데 '자유 복장'이라는 이름 아래 복장이 간편화되면서 사람들은 몸에 관심을 가질 수밖에 없게 되었다. 넉넉한 뱃살에 어정쩡한 체형으로 간편한 복장을 취하면 자신의 '늘어진 삶'을 노출시키는 것밖에 안 된다. 넥타이를 안 매도 된다는 자유로움에 들뜬 남성들은 과연 '자유 복장'이 양복보다 훨씬 패션 센스가 요구된다는 사실을 인지하고나 있는 것인지…….

자기표현이라며 패션에 너무 힘을 주는 것도, 유행에 너무 신경을 쓰는 것도, 패션에 관심이 없는 것과 마찬가지로 패셔너블과는 거리가 멀다. 멋스러움의 본질은 타인에 대한 배려에 있는 것은 아닐까? 자신을 어떻게 보일까보다도 먼저 어떻게 하면 타인의 눈을 즐겁게 할 수 있을지를 생각하는, 그런 마음 씀씀이를 가진 이가 진정한 멋쟁이가 아닐까?

내가 지금 떠올리는 것은 여름철에 가끔 만나게 되는, 모시로 만든 옷이다. 그 옷을 입은 사람은 여분의 한 장을 더 걸친 셈이니 더울지 몰라도, 보는 이에게는 시원함을 느끼게 하는 옷차림……. 모시 옷에 감추어져 있는 멋스러움이 아닐 수 없다.

타인에 대한 배려라는 요소가 옷에서 완전히 사라져버린 것이 문득 쓸쓸해질 때가 있다.

외모가 마음에 들지 않을 때

사람은 왜 패션에 신경을 쓰는 걸까?

패션이라는 단어의 무게를 많은 사람들은 가볍게 보고 있다. 패션은 있든 없든 상관없는 것, 보이는 것에 신경을 쓰는 사람이나 관심을 가지는 것이라 말한다. 이처럼 많은 사람들이 패션을 얕보고 있으면서도, 그래도 너무 모르면 상식 없는 인간 취급을 당하니, 딱 그만큼만 패션에 대한 촉각을 세우고 있다.

패션에 빠져 있는 사람은 그다지 망설임이 없다. 패션을 우습게 여기는 사람들의 그 어정쩡함은 대체 뭘까? 자신도 어느 정도는 옷을 골라 입고 있다고 주장하는 것일까?

패션감각은 의류산업에서든 거리에서든, 처음에는 확실히 일부 첨단을 걷는 사람들로부터 싹트기 시작한다. 그러다 마침내 당시대의 '유행'이 되어 거의 대부분의 사람들이 그것을 몸에 걸치게 된다. 그 유행을 좇지 않으면 나만이 눈에 띄는 차림이 된다. 무지하게 '뒤떨어진' 사람으로 낙인 찍히는 것이다. 즉 둔감의 징표가 되는 것이다.

그거야말로 한심한 일이다. 자신이 우습게 여기던 것에 머리를 숙이는 꼴이니 말이다. 따라서 늦어지지 않도록 조금은 패션을 의식하는 것이 좋다. 결국 패션에 빠져 있는 사람이든 패션을 얕보는 사람이든 모두 '요즘'의 유행에 신경을 쓴다. 어쩔 수 없이 다른 사람들의 옷차림이 신경 쓰이는 거다.

패션을 가볍게 보고 있는 사람은 인간으로서도 가볍다. 왜일까? 자신이 타인과 외견이 같지 않으면 불안하다는 사실을 직시하지 못하고, 그런 조건에서 벗어나려 싸우지도 하지 않기 때문이다.

패션을 가볍게 보고 있는 사람에게 나는 묻고 싶다. "당신은 어째서 넥타이를 합니까? 넥타이는 어떤 기준으로 고르는 겁니까? 왜 '요즘 젊은 애들은…' 같은 말을 하면서 자신도 머리에 염색을 하고 입술을 바르는 겁니까?"라고 말이다. "인간이 실의에 빠져 거의 자신을 잃게 되었을 때 옷에 의하여, 옷이 사람에게 원하는 '분발'에 의해 나름 힘을 얻게 된다는 사실을 한 번이라도 생각해본 적은 없습니까?"라고 말이다.

패션에 대한 사람들의 이런 어중간한 사고는 패션에 대한 기사를 다루는 신문만 봐도 잘 알 수 있다. 신문에서 패션이 소개되는 곳은 〈생활&가정〉란이다. 어쩌다 사회면 칼럼에 소개되는 것은, '올해 파리 컬렉션에서 유명한 ○○디자이너가 이렇게 속이 다 들여다보이는 대담한 옷을 선보였다' 같은 기사들뿐이다. 지면의 다양성을 보여준다는 선에서의 할애일 뿐, 실용이나 장식 수준의 취급을 당하고 있는 셈이다. 그러나 패션은 실용이라는 시점視點에서도, 연출이나 장식이라는 부가적인 시점視點에서도 결코 무시할 수 없는 부분이다.

패션은 '사회를 살아가는 피부'라는 말이 있다. 사회의 잡다한 알력과 삐걱거림이나 어긋남이 마치 습진이나 종기처럼, 또는 닭살이나 두드러기처럼 패션에 드러난다. 몸이 가끔 비명을 지르듯이 말이다.

그런 시점視點에서 '요즘'의 패션을 보면, 꽤나 여러 가지 모습이 보인다. 물론 '해독解讀'이 그리 간단하지만은 않다. 패션은 의표를 찌르는 복잡한 의미가 숨어 있기도 하니까 말이다. 예를 들어 스커트 길이가 짧아졌다고 해서 바로 그 사람이 유혹적이 되었다거나, 몸가짐이 헤퍼졌다거나, 성이 개방되었다고 할 수는 없다.

피어싱의 출현도 그렇다. 신체에 구멍을 내는 패션은 조몬繩文시대까지 있었던 것이니, 단순히 풍속의 부활이라고 할 수도 있다. 왜 지금에 와서 갑자기 그때의 풍습이 다시 유행하는지 의문이기는 하지만, 어떤 강박관념처럼 매일 아침 정성들여 수염을 깎는 성인 남성의 습관(생각해보면 무시무시한 패션이다)을 생각하면, 어느 쪽이 더 무서운지는 간단히 말할 수 있는 성질의 것이 아니다.

머리카락을 물들이고, 눈썹을 민 다음 가늘고 길게 그리는 것은 대부분의 여성이 나이가 들면 해오던 일이다. '요즘'의 젊은이가 찰랑거리는 장식을 휴대전화에 달고 다니는 것을 이상하게 본다면, 직장 여성들이 신는 팬티스타킹이나 하이힐이라는 것도, 티백이라고 불리는 속옷과 함께 정말 기이한 것이 아닐 수 없다.

타인의 일 따위 사실은 아무도 신경 쓰지 않는다. 왜 이 사회에서는 남성은 바지를, 여성은 치마를 입어야 하는 걸까? 왜 남성은 넥타이 같은 묘한 것을 목에 매달고, 여성은 하이힐을 신는 것일까? 같은 재킷이라도 앞여밈이 왜 남자와 여자는 다른 걸까? 유방의 형태나 크기와 상관없이 왜 거의 모든 여성이 브래지어를 하는 걸까? 아직 입을 수 있는 옷을 왜 '유행 지난' 옷이라며 처분하는 걸까? 그리고 왜, 생각해 보면 꼬리를 무는 이러한 의문들을 아무런 의심 없이 받아들여지는 것일까?

이런 점들을 생각해 보는 것이 좋다. 그것이 바로 패션에 대한 사고와 관련이 있기 때문이다. 패션의 무언가에 관심을 가지면, 다른 사람에 대한 일이나 다른 세대의 일을 멀리서 팔짱을 낀 채 비평할 수만은 없게 된다.

브랜드 제품은 어깨를 펴게 한다?

사람들은 흔히 "요즘은 어떤 브랜드가 유행이야?" 같은 말을 곧잘 하는데, 생각해 보면 이런 말투는 브랜드의 정신과는 좀 거리가 있다.

브랜드는 확실히 기호이긴 하다. 증표이기도 하다. 그렇다면 무엇이?

요지부동의 브랜드로서 누구나 알고 있는 패션 공방은 확실히 기업화하여 세계 유행을 만든다. 세계적인 브랜드는 시즌 별로 새로운 상품 모델을 내놓고 있다. 하지만 브랜드가 브랜드로서 인정받는 것은 유행의 첨단에 있기 때문이 아니다. 오히려 유행으로 끝나는 것을 거부하는 점에 브랜드의 가치가 있다.

브랜드는 아주 오랜 시간을 가꾸고 전승된 공방의 기술이 뒷받침되어 있다. 따라서 품질이 아주 뛰어나다. 게다가 품질을 떨어뜨리지 않기 위한 노력과 세세한 부분의 수선 또한 마다하지 않는다. 그러한 품질보증과 애프터서비스로 나타나는 상품에 대한 자신감과 긍지가 브랜드의 '신뢰'를 지탱해준다. 즉 일과성으로 끝나지 않고, 유행과 함께 사라지지 않는 것이 바로 브랜드의 면모이다. 일본에도 패션만이 아니라 조리용품이나 문구용품, 식기에서 건축도구에 이르기까지, 에도시대부터 계속 이어져 내려온 브랜드가 수없이 많다.

그 브랜드들은 누가 지탱해온 것일까? 물론 공방의 기술자와 경영자의 공이지만, 한편으로는 그것을 음미해주는 사람들이 있어야 비로소 브랜드는 브랜드로서 성립할 수 있는 것이 아닐까. 품질을, 센스를 엄격하게 음미할 수 있는 사람, 즉 '감정인鑑定人'이 한편으로는 브랜드를 지탱해온 것이다. 금전이 아쉬워서가 아니라 몸소 피부로, 자신의 테이스트taste를 걸고 음미하는 사람들이 있었기에 가능했던 것이다.

테이스트는 '취미'를 의미하지만 원래는 '미각'이라는 말이다. '취미趣味'라는 한자에는 '미味'라는 글자가 들어가 있는 거다. '하고 싶은 방향'을 의미하는 '기호嗜好'의 '기嗜'에도 입口이 들어가 있고, 무엇을 잘 조사해본다는 의미의 '음미吟味'에도 '미味'가 들어간다.

따라서 어떤 브랜드를 선택하는가는, 퀄리티를 판별하는 개인의 눈을 시험하는 것이기도 하다. 어떤 상품을 선택하는가에 따라 그 사람의 취향이 나타난다. 즉 브랜드는 개인이 선택하는 것이지, 누군가에게 좋다는 말을 듣고 선택하는 것이 아니다. '유행 브랜드'에 몰리는 사람들이 아니라, 자신의 취향과 품질을 음미할 줄 아는 개인이 브랜드를 지탱해온 것이다.

브랜드 상품을 몸에 걸치고 있으면 확실히 기분이 좋아지기는 한다.

그것은 브랜드가 언제나 고급품의 대명사이며 '한 단계 오르고 싶다'는 사람들의 욕구에 꼭 들어맞는 것이기 때문이다. 그러나 '한 단계 오른' 그 자리는 세상에서 부러워하는 지위를 말하는 것일 뿐이다. 즉 세상의 가치 서열에 종속되는 것이다. 브랜드를 말하며 "나는 ○○파!" 따위로 표현하는 사람들이 있는데, 그것도 "부티난다", "유행을 좀 아는데?"란 소리를 듣고 싶기 때문일 뿐, 거기에 '자유'는 없다. '유행'한다고 해서 브랜드를 사서는 안 된다. 즉 끌려가는 것이어서는 안 된다는 말이다.

브랜드는 그 제조법을 전승함으로써 유행이라는 차원을 넘어선 것이다. 결코 시대에 뒤떨어진 것이 되지 않는다. 브랜드의 정신에는 무엇이든 유행으로써 혹은 그 기호로써 소비되어 버리는 사회에 강한 저항이 깔려 있다. 따라서 유행과는 상관없는 길을 가고 싶어 하는 브랜드가 나타난다고 해도 이상할 것은 없다. 이미 그런 브랜드들이 생기기도 했다. 그런 자신감이 오히려 브랜드에 대한 신뢰도를 높여준다.

chapter

05

가족이 무겁게 느껴질 때

있는 그대로를
인정한다는 것

Q 젊은 여성의 고민 중에 의외로 많은 것이
가족에 대한 고민이었습니다. 심각한 단절
을 느끼는 사람들도 늘어나고 있고요. 이
러한 상황을 어떻게 보십니까?

가정이 안고 있는 문
제를 생각하기 전에, 먼저 부모, 자식, 가족이란 대체 무엇인지부터 생
각해 봅시다. 제1장에서 이야기했던 것처럼, 인간은 어째서 실의에 빠
져 허우적대면서도 그렇게 간단히 죽지 않는 걸까, 아무리 사람들에게
배신을 당해도 어째서 자살하지 않고 살 수 있는가를 생각할 때, 일단
어른이 되었다는 것은 누군가에게 보살핌을 받았다는 확신이 들기 때
문이 아닐까 싶습니다.

인간은 어린 시절 누군가의 보살핌을 받아야만 살아갈 수 있습니다.
어린아이는 안아 주어야 하고, 달래 주어야 하고, 밥도 먹여 주어야 하

고, 몸도 씻겨 주어야 하고, 뽀뽀도 해주어야 합니다. 혹여 부모가 없는 경우라도 반드시 누군가가 키워주지 않으면 안 됩니다. 보살핌 없이는 살아나갈 수 없기 때문에, 인간은 자신이 존재한다는 사실만으로 누군가의 보살핌을 받았다는 기억이 있는 것입니다.

몸 깊숙한 곳에 심어져 있는 그 기억으로 인하여, 자신의 아이가 태어나면 이번에는 그 아이에게 당연한 것처럼 모든 것을 해주는 것이 아닌가 싶습니다. 이 조건 없는 보살핌은 아이가 컸을 때와 극명하게 비교되어집니다. 아이는 성장하면 할수록 조건이 붙은 보살핌만을 받게 됩니다. "열심히 공부하면 노트북 사줄게"라고 칭찬하지만, 아이가 불량한 행위를 하면 "너 같은 것이 어쩌다 태어났니?"라는 악담을 퍼붓기도 합니다. 학교나 회사에서의 생활에도 조건이 끼어듭니다. 만약 계약을 따오면 월급을 올려준다는 식으로······.

결국 우리들은 무언가를 알게 될 나이가 되면서부터는 조건 있는 사랑이랄까, 조건이 달린 케어밖에 받지 못합니다. 그래서 마음 깊은 곳에 남아있는 '무조건적인 사랑'에 대한 열망이 더욱 뜨거워지는 모양입니다.

연애만 봐도 그렇잖아요. 인간이란 게 아주 제멋대로입니다. 연인 관계가 되면 바로 알 수 있는데, 처음에는 연인에게 "잘생겨서 좋아." 라든가 "멋져서 좋아!"라는 소리를 들으면 기분이 좋습니다. 그러나 친해지면 "정말이야? 잘생겨서 좋은 거야? 멋있어서 좋은 거야? 그럼 나이 들어서 초라해지면 버릴 거야?" 같은 소리를 하며 성가시게 굽니다. 그러다 끝내는 극단을 향해 가게 되죠. "내가 죄를 지어서 교도소에 가

가족이 무겁게 느껴질 때

도 사랑해 줄 거야?" 같은 억지를 부립니다. 즉 조건을 붙여서가 아니라 있는 그대로의 모습만으로 나를 사랑해 줄지 조바심을 내는 겁니다.

보살핌 없이는 아무것도 할 수 없는 갓난아기에서 현재의 성인으로 성장한 사람들은 무조건적으로 받아들여진 경험을 기억하고, 그것을 행복의 원형 이미지로 삼는 게 아닌가 싶습니다.

: 2 :

부모가 되었을 때의
스트레스

Q

그 '행복의 원형'이 무너지고 있다는 말씀
이시군요?

이런 이야기를 했다
가, 어떤 40대 여성분으로부터 '그런 건 유아적 사고방식'이라며 호되
게 혼난 적이 있습니다.

그 여성은 아이가 다 커서 겨우 손이 안 가게 되었을 때, '내가 이 아
이를 죽이지 않고 이 날까지 잘 키웠구나'라는 안도감이 들었다는 것이
었습니다. 무조건적인 사랑을 쏟는다든가, 자식으로서의 존재를 받아
들인다든가 하는 문제가 아니라는 소리를 듣고, 저도 '아, 그렇구나' 하
고 납득하게 되더군요. 그 여성은 아이를 키우며 얼마나 스트레스가 쌓
이던지 '이 아이가 없었으면 난 정말 자유로울 텐데'라고 생각하고 또
생각했다고 합니다.

그래도 저는 앞서 얘기한 무조건적인 사랑의 예를 부정할 생각은 없

습니다. 아무리 타인에게 배신을 많이 당해도, 사람이 사람을 믿을 수 있는 것은 자기도 한 번쯤은 다른 사람들에게 무조건적으로 받아들여진 경험이 있기 때문입니다.

내가 어떤 사람인가 관계없이 '이 세상에 존재한다'는 이유만으로 남들에게 받아들여진 경험, 바로 그것이 아무리 배신을 많이 당해도 인간이 타인에게 실낱같은 희망을 품는 이유라고 생각합니다.

하지만 갓난아기 시절의 무조건적 사랑만을 강조하다 보면, 우리는 일반화의 오류에 빠질 수밖에 없습니다. 가정이란 본래 아이들을 보살피는 곳이며, 아이는 절대적으로 사랑스러운 존재이며, 부모는 아이를 소중히 여기는 것이 인간으로서 당연한 행위이며, 그것이 인간이 태어나면서 가지고 있는 본성이라는 결론까지 일사천리로 달립니다. 그리고는 각기 다른 가정의 사정 따윈 상관없이 '가족이란 이런 것이다'라는 일반론을 모범답안처럼 내놓는 거죠.

하지만 생각해 보십시오. 현대사회의 가족관계를 떠올려보면 이러한 일반론이 얼마나 무모한 것인가를 잘 알 수 있습니다. 가족들이 함께 사는 공간은 더 이상 사회와 격리된 친밀한 공간이 아닙니다. 가족에 대한 구속력을 초월하여 사회와 직접 연결되어 있습니다.

즉 '부모 자식 간에는 무조건적인 사랑이 있어야 한다'는 인식은, 그 가족이 무인도에 있는 경우라면 오히려 받아들이기 쉬울지도 모릅니다. 그러나 현대사회에서 한 가족만이 고립되어 생활한다는 건 상상하기 힘들잖아요? 아이에게는 부모가 모르는, 학교와 상관없는 교우관계가 있습니다. 아버지에게는 회사가 있고, 가정 문제보다는 항시 일에 대한 걱정이 앞섭니다.

단지 어머니만이 다른 가족 구성원과 달리 개별적인 사회적 네트워크가 없기 때문에 집에 갇혀 있다고 느끼는 겁니다. 왜 나만이 가족의 케어를 맡아야 하나, 탄식하며 말입니다. 가족제도의 문제를 어머니 혼자만 짊어지는 셈입니다. 가족 간의 응집력은 이미 소멸된 지 오래인데, 그저 '무조건적인 사랑'의 이미지만이 남아 어머니를 괴롭힙니다.

어머니는 양육에 대한 책임과 부담을 전부 혼자 떠맡으며, 아이 때문에 자유가 구속된 상태에서 상실감만이 쌓여갑니다. 이미 젊은 엄마들의 스트레스 문제가 여러 사건으로 분출되고 있습니다. 이대로라면 폭발해버릴 겁니다. 이 같은 모순을 더 이상 주부 혼자 견딜 수 없게 된 것이죠.

이제 가족은 '친밀한 공간으로서의 가정'을 잃었습니다. 가정은 더 이상 사회로부터 가족들을 지켜주는 안식처가 아닙니다. 구조적으로 더 이상 버티기 힘들어진 것이죠.

: 3 :

왜 엄마는
딸에게 질루할까?

Q

젊은 여성이 고민하는 가족 문제에는 아버지와의 관계도 있지만, 아무래도 어머니에 대한 고민이 심각합니다. 그것은 지금 말씀하신 것처럼 어머니의 세대, 즉 주부의 상실감과 관계가 있을까요?

전후 베이비붐 세대를 보면 깊은 슬픔이 느껴집니다. 딸이 자신이 하고 싶은 일을 하면 할수록 어머니는 그것을 "엄마처럼 되고 싶지 않아!"라는 소리로 받아들이지요. 딸의 입장에서는 황당할 수밖에 없습니다. 딸은 딱히 어머니를 공격할 생각도 없고 그저 자기 세대가 하는 당연한 일을 할 뿐인데, 어머니는 전부 자기를 공격하고 있는 것처럼 느끼니 말입니다.

섹스 문제만 해도 그렇습니다. 어머니 세대에서는 '혼전 관계'라는 말은 금기사항이었습니다. 혼전관계에 대한 커다란 저항감이 있던 시대를 살면서 그 중압감과 필사적으로 싸워온 세대인 겁니다.

게다가 당시에는 톱클래스의 사립대학에서도 여학생은 3분의 1 정도밖에 취직하지 않았습니다. 대부분은 거의 모두 신부수업을 했죠. 부모가 정해주는 삶의 방식이 싫어도 그것을 뛰어넘지 못한 것이죠.

그렇게 결혼하여 가정을 꾸리면 이번에는 남편에게 절망하게 됩니다. 특히 우리 아버지 세대 남자들의 가족의식이라는 게 아주 고리타분하잖아요? 말로는 '뉴패밀리' 운운하면서도 절대적이고 독재적인 남편이 됩니다. 학생시절에는 친구처럼 지냈던 남편이 실은 '가부장주의자'였다는 사실을 결혼하고 나서야 알게 되는 거죠. 결국 주부란 음지에서 가정을 지탱하는 존재에 지나지 않는다는 것을 깨닫게 됩니다.

현재 60세 전후의 여성이 만약 지금 사회에서 학생시절을 보냈다면 각 분야에서 굉장한 활약을 했을 겁니다. 그러나 당시는 아무리 우수한 여성이라도 아주 일부만이 관료가 되거나 기업에 들어가고, 대부분은 가정으로 투입되었죠. 사회 또한 여성들을 받아들일 태세가 아니었기에 대부분은 곧바로 주부가 될 수밖에 없었던 겁니다.

그리하여 어머니들은 사회에 대한 모순과 자신이 살아온 인생에 대한 상실감을 표출하지 못한 채 속병을 앓거나, '이럴 작정이 아니었는데……' 싶은 마음이 아직도 남아서 나이 들어서나마 사회활동에 열정을 보이기도 하는 것이죠.

그런데 딸에게는 그런 경험과 사고思考가 없습니다. 좋아한다면 섹스도 무방하고, 취직은 당연하게 받아들입니다. 뭐라고 잔소리라도 할라치면 딸내미에게 "엄마는 너무 구식이야!"란 소리나 듣게 됩니다.

그런 딸의 태도에 안타까움을 느끼면서도 어머니는 딸이 하는 일을 부정하지 못합니다. 자기도 젊었을 때 어머니에게 저항했고, 게다가 꿈을 실현할 수 없었다는 좌절감을 이미 맛보았기 때문이죠.

어머니들은 이미 여성해방운동을 경험했습니다. 미니스커트를 입기 시작한 세대이고, 바지도 입기 시작한 세대잖아요? 프리섹스나 혼전관계도 "왜 안 돼?" 하고 부모에게 대들었던 세대입니다. 그랬던 그들이 결국 무엇 하나 실현하지 못한 채 자신이 가장 되고 싶지 않았던 '전업주부'가 되고 말았습니다. 더구나 완전히 유능한 주부, 주부가 천직이라는 소리를 듣는 주부가 되어 있는 겁니다. 그런 의미에서 전후 베이비붐 세대의 여성은 잠재적인 능력의 레벨이 가장 높은 세대였는지도 모르겠습니다.

젊었을 적에는 그렇게 싫어했던 삶의 방식이었지만, 그래도 주부로서 가정에서 최선을 다하고 있는데, 그 모습을 아이들은 경멸합니다. 사회에 나가지 않는다느니, 사적인 것을 지키는 것밖에 관심이 없다느니, 좀 더 자유로워지면 될 텐데…… 하며 아들도 딸도 질책을 하죠. 그래도 어머니는 반박을 하지 못합니다. 이미 스스로도 너무나 잘 알고 있는 부분이며, 평생을 고뇌해왔던 부분이기 때문이죠. 그래서 괴로운 겁니다.

부모 세대엔 하고 싶었어도 할 수 없었던 일이니까, 자식들에게는 하고 싶은 것들을 하도록 허락하는 게 당연하게 보일지도 모르겠습니다. 실제로 전후 베이비붐 세대의 부모들은 대부분 아이들의 응석을 잘 받아주고 자유롭게 키우며, 부모 자식 사이도 좋다는 인식이 강합니다.

그러나 현실은 좀 복잡합니다.

어머니들은 하고 싶은 일이 있어도 '벌써 쉰을 넘겼는데……' 하는 마음이 깊지요. 물론 그 말을 입 밖으로 내뱉지는 않습니다. 지금까지의 사고방식으로는 말이죠. 그러니 딸의 '엄만 그런 여자니까'라는 시선에 아주 민감한 겁니다.

말로는 하지 않아도 아이들이 자신을 얕보고 있다는 느낌을 받으면, 곪을 대로 곪은 상처가 터져버리는 거죠. 그런 의미에서 전후 베이비붐 세대의 여성은 가장 슬픈 세대가 아닌가 싶습니다. 여성으로서 말입니다.

부모 자식 간의
간격

Q

그 불만의 화살이 딸에게 향한다는 말씀입
니까?

문제가 그리 간단하
지만은 않아요. 스트레이트로 모녀가 대립하는 경우도 있겠지만, 모
녀가 친구 같은 케이스도 있습니다. 사이가 좋으면 그것으로 된 거 아
니겠나 싶지만, 꼭 그렇다고 볼 수도 없습니다. 모녀가 대화를 나누면
나눌수록 실제로는 서로 골이 더 깊어지는 경우도 있고, 엄마는 그저
딸을 인정해 주려고 한 것인데 오히려 딸에겐 상처가 되는 경우도 있
지요.

먼저 직설적인 대립이 생기는 경우를 살펴봅시다. 20대 중반 딸들의
가장 큰 불만은, 부모가 행복이라고 생각하는 일과 자신이 하고 싶은
일이 다르다는 겁니다. 서로 의견이 맞지 않아 불화를 일으키는 것이지
요. 그중 제일 많은 고민이 부모는 결혼하라고 하지만 딸은 아직 하고

싶지 않은 경우입니다.

사실은 결혼하라고 다그치는 엄마 쪽도 고민일 겁니다. 속으로는 '나도 그런 말 하고 싶지 않단다'라고 말할 것입니다. 자신도 부모에게 결혼을 강요받은 세대니까요. 더구나 지금까지 이야기했듯이 자신들이 겪은 인생의 상실감을 생각하면 그렇지 않겠습니까?

어머니 입장에서는 사실 '결혼이란 건 언제 해도 상관없다'는 마음이 어딘가 내재해 있습니다. 아버지 쪽이 아무래도 보수적이지요. 어머니는 내심 딸의 반발을 어쩔 수 없는 일로 받아들이고 있는지도 모릅니다. 마음은 그런데, 어쩌된 일인지 막상 딸을 대하면 자꾸 공격적이 됩니다. '나도 내 의지와 상관없이 꿈을 단념한 채 지금 이런 생활을 하고 있는데, 저 아인 어떻게 저렇게 제멋대로일까?' 싶은 마음이 드는 겁니다. 부당을 정당화하기 위하여 반대의 행동을 할 때가 있잖아요? 게다가 자기가 '부정' 당하고 있다는 느낌이 들면 자기가 옳다고 생각하는 일이라도 반대표를 던지게 됩니다.

딸은 "엄마는 결혼해서 행복하지도 않았다면서 왜 나한테 결혼을 하라는 거야!" 반발하고, 그런 딸의 마음을 충분히 이해하면서도 어머니는 오히려 강경해집니다. 딸의 마음을 너무도 잘 알기에 내심 끓어오르는 무엇이 있는 겁니다. "아무리 그래도 결혼은 하는 편이 좋아"라든가 "결혼하지 않으면 어른이 되는 게 아니야" 같은 어머니의 말 속에는 '주부로서의 나도 평가해 달라'는 바람이 섞여 있는 것이죠.

딸에게는 그런 부분이 민감하게 전해집니다. "엄마는 자기만 생각해. 날 생각하는 척하면서 진짜 내 생각 따윈 안중에도 없잖아!" 결국 아무런 의견도 나누지 못한 채 협상은 결렬되고 맙니다.

이렇게 모녀가 스트레이트로 대립하는 경우도 있지만, 부모가 자식의 말을 그저 삼켜버리는 케이스도 있습니다. 예를 들어, 아이가 유학을 가고 싶다고 합시다. 요즘 부모들은 그 부분에 꽤 관대합니다. 하지만 그것이 본심에서 우러난 관용인지 묻는다면, 이게 사실 좀 복잡합니다.

자기가 유학을 반대하는 부모에게 대항해 봤으니까, 그리고 그 유학의 꿈에 좌절도 맛보았으니까, 기껏해야 "네가 하고 싶은 대로 하면 돼"라는 말이 전부인 겁니다. 이런 말밖에 할 수 없는 부모의 쓸쓸함도 쓸쓸함이지만, 그런 말밖에 들을 수 없는 아이의 쓸쓸함도 간과해서는 안 됩니다.

옛날 아버지들은 자식이 '이러이러한 사람이 되고 싶다'고 하면 완고한 자신의 가치관을 내세우며 "그런 걸로 먹고 살 수 있겠어?"라는 큰소리부터 나옵니다. 그 당시 부모가 바라는 것은 대부분 정해진 터라, 자식 입장에서는 자기의 길을 가고 싶다면 부모와의 대립을 각오하고 말을 꺼내야 했습니다.

그러나 지금의 부모는 어떻습니까? 아무리 자식이 세상과 동떨어진 무언가를 하겠다고 해도 "그것도 좋겠지" 하고 나오니, 자식 입장에서 보면 김이 빠집니다. 대립이 있으면 서로 부딪치면서 진정으로 원하는 것이 무엇인지 찾을 수도 있을 텐데, "그것도 괜찮겠네" 같은 반응으로는 아무것도 얻을 수가 없습니다. 결국 무엇을 해도 허락된다는 건 '그것이 아니면 살아갈 수 없다'는 결정적인 무엇이 없다는 말도 됩니다.

무엇을 해도 허락하는 부모라니, 정말 부럽습니다. 그러나 실제로 그런 자유가 허락되면 아이들은 오히려 아무것도 하지 못합니다. 할 의욕을 잃는 것이지요. 표면적으로는 정말 사이가 좋고 아무 일 없는 것처럼 보이는 부모 자식 간이라도 밑바탕에는 그들만의 복잡한 문제가 깔려 있는 것입니다.

사이가 좋아 보이는 부모 자식 사이

무라카미 류村上龍의 소설 《러브 앤 팝Love & Pop》에 나오는 여고생 유미는 늘 아버지에게 "뭐든 이야기하렴"이란 소리를 듣는다. 아버지는 부녀 간의 대화가 아주 중요하다고 생각하는 사람이라 틈만 나면 딸과 대화할 기회를 만들며 딸을 더욱 이해하려고 한다. 그런 아버지와의 관계에 대해 유미는 아버지보다는 냉정하게 생각한다.

"뭐든 서로 이해할 수 있다고 생각하는 건 좀 곤란해. 물론 이해해주려고 하는 마음은 기쁘지. 하지만 뭐든 이해할 수 있다고 전제를 해버리면, 조금이라도 이해할 수 없는 일이 생겼을 때 상황은 더 나빠질 뿐이야."

가족이 무겁게 느껴질 때

: 5 :

모두가 고민하는
간병 문제

Q

젊은 세대에서도 의외로 진심으로 걱정하
는 것이 부모의 간병 문제입니다.

형제 없이 혼자인 경
우가 많아졌으니까요. 지난번에는 이제 스물여섯 살인 여성에게 간병
문제로 저녁에 잠이 안 온다는 말을 들었습니다. 부모가 아주 많이 의
지를 해오는 모양이에요.

외동인 아들과 딸이 결혼하면 간병 문제가 정말 심각해집니다. 각각
의 양친, 네 명의 부모를 돌보아야 하니까요. 게다가 남편 쪽 아버지와
아내 쪽 어머니, 이렇게 두 사람이 남게 되면 함께 사는 것도 힘들지요.
아버지들이나 어머니들이 남게 돼도 문제가 없는 것은 아니고요. 이러
다 각자의 부모를 돌보기 위해 자식 부부가 별거를 해야 하는 문제까지
생겨납니다. 부부가 각자의 부모 댁으로 들어가 서로 떨어져 살아야만
하는 것이죠.

그런 생각을 하면 고민은 더욱 깊어집니다. 사실 대학에 들어가고 취직을 하느라 부모와 떨어져 사는 경우가 많습니다. 양친이 살아 있는 동안에는 괜찮지만, 어느 한쪽이라도 먼저 돌아가시면 그때 남은 부모를 돌보기 위해 부모 집으로 들어가야만 하죠. 그런 문제들을 20대가 벌써 생각하고 있는 겁니다.

Q

'효행'이라는 단어와 상관없이 쿨하다든가 자기중심적이라고 불리는 젊은 세대가 간 병에 대해 벌써부터 고민하고 있다는 게 의외네요.

　　　　　　　　　　　저출산시대이다 보니 간병 문제가 더 이상 남의 일이 아닌 것만은 사실입니다. 하지만 그렇다고는 해도 제 생각에 요즘 젊은 세대는 부모의 간병 문제에 필요 이상으로 예민한 건 같아요. 구체적으로 말하자면, 부모가 죽는 것에 대한 절대적인 두려움이라고나 할까요?

이런 20대 여성도 있습니다. 외동딸인 그녀는 벌써부터 부모의 간병에 대한 스트레스를 느끼고 있다고 합니다. 간병하다 부모와 함께 쓰러지는 자신을 상상하는 겁니다. 그럴 거면 처음부터 간병할 생각을 말아야 하는데, 그녀는 자신이 간병을 하지 않았을 때 받을 스트레스를 상상하게 된다고 합니다. 즉, 부모의 간병을 다른 사람에게 맡긴 죄책감에 스트레스를 받을 정도라면, 몇 년간은 힘들어도 자신이 간병하는 것이 낫다고 판단하는 겁니다. 아직 편찮으시지도 않은 부모님을 두고 간병에 대한 스트레스를 느끼며 그녀는 말합니다. "부모님이 돌아가셨을 때 내가 해준 것이 아무것도 없다는 생각이 들면 후회할 것 같아서요."

젊은 사람들이 부모의 죽음을 그렇게 두려워하는 것은 죽음이라는 것이 주변에 없기 때문인지도 모르겠습니다. 죽음이 일상적인 것이 아니어서 죽음에 대해 필요 이상으로 겁을 먹는 것이지요.

우리 세대는 조부모와 함께 사는 것이 보통이었기 때문에 할아버지 할머니가 돌아가시는 과정을 전부 보아왔거든요. 요즘 아이들은 할아버지 할머니가 대체로 먼 곳에 계시니까 가족의 죽음을 경험한 사람이 생각보다 없는 겁니다.

제가 어렸을 때를 떠올려보면, 동네 사람들이 모두 가족 같았습니다. 옆집 할머니라든가 옆의 옆집 할아버지들도 동네의 아이들을 모두 자신들의 손자처럼 귀여워해주셨죠. 그러니 딱히 자기 할아버지 할머니가 안 계셔도 주변에서 죽음을 경험할 수 있었습니다. 사람이 죽는다는 게 특별히 진기한 일은 아니었던 거지요. 물론 머리를 쓰다듬어주시던, 사탕을 몰래 쥐어주시던 그분들이 어느 날 사라져버린 것에 대한 놀라움과 슬픔은 있었지만, 죽음 자체에 대한 공포 같은 것은 없었던 것 같아요.

요즘은 어떻습니까? 오히려 문만 열면 얼굴을 마주치는 아파트에 살면서도 옆집 할아버지나 할머니와 거의 이야기를 나눠본 일이 없을 겁니다. 자기 할아버지 할머니가 돌아가셨을 때도 장례식에 갈 뿐이고,

가서도 이미 관에 들어가 있는 터라 사람이 죽는 과정을 대부분 경험하지 못합니다.

죽음만이 아닙니다. 사람이 병들거나 늙어가는 과정에 대한 경험도 거의 없습니다. 생명이 탄생하는 신비로운 순간도 경험하지 못합니다. 옆방에서 엄마가 동생을 낳고, 그 동생의 첫울음소리를 듣는 경험도 이미 옛날이야기가 되었습니다. 요즘 아이들은 너무 놀라서 졸도해버릴지도 모르지요.

태어나고, 아프고, 늙고, 죽고……. 우리 삶에서 절대 빠지지 않는 이런 일들을 현대사회는 전부 보이지 않는 장소에 위탁합니다. 병원이나 요양시설에 감추고 있으니, 많은 사람은 보지 못하고 지나칩니다.

물론 시체를 보는 일도 거의 없습니다. 부모가 죽어도 실제로는 몸을 어떻게 처리해야 하는지 알지 못합니다. 병원에서 전부 알아서 해줍니다. 죽음을 확인하고 다시 고인을 만나게 될 때에는 이미 옷을 잘 차려입은 깨끗한 상태로 누워 있습니다. 진정한 의미로의 죽음은 아무것도 알지 못하는 겁니다.

사실 사람이 죽으면 굉장한 일이 일어납니다. 몸 안의 모든 구멍에서 출혈을 하고, 위액까지 넘어옵니다. 그러나 그런 것들을 실제 경험으로 알고 있는 사람은 아주 적습니다. 요즘은 집에서 출산을 하거나 장례를 치른다는 건 엄두도 못 낼 겁니다. 더구나 자기가 직접 염을 한다는 게 상상이나 되겠습니까? 시체를 면으로 싼다는 사실을 아는 것은 간호사 정도일 겁니다.

대부분의 사람들이 타인의 생로병사를 가까이에서 접하지 못합니다. 인간이 인간이기에 언젠가는 예외 없이 겪어야 할 그 일들을 주변에서 경험하지 못하기 때문에 지레 겁을 먹는 것은 아닐까요? 그래서 언젠가 찾아올 부모의 죽음에 그토록 예민하게 반응하는 건 아닐까요? 지금 함께 살고 있는 이 사람들이 죽었을 때 자신이 어떻게 해야 할지, 어떻게 받아들여야 하는지를 생각하면서 죽음을 과도하게 의식하는 건 아닐까요?

: 6 :
어떻게 하면 부모를
간병할 수 있을까

Q

저출산 문제가 심각합니다. 자녀의 수는
점점 줄어들 텐데, 지금까지와 같은 간병
이 가능할까요?

앞서 말했던 것처럼
부모의 죽음에 대한 죄책감 같은 것을 안고 간병한다면 견디기 힘들지
요. 타인들끼리라면 간병인에게 조심도 하고 고마워하기도 하니까 간
병하는 입장에서도 보람을 느낄 수 있지만, 가족의 경우에는 그러기가
힘듭니다. 부모들 중에는 자식들의 간병을 당연한 것으로 받아들이는
사람도 많습니다.

사실 친자식이라도 힘이 드는데, 피 한 방울 섞이지 않은 며느리라
면 사정은 더 심각합니다. "고맙다는 말 한마디라도 해주면 좋을걸"이
라는 며느리들의 원망을 자주 듣습니다. '하는 게 당연하다'는 사고는
곤란합니다. 간병 받는 게 당연하다는 듯 행동하는 것 말입니다.

역시 간병 문제로 가장 고통 받는 건 전후 베이비붐 세대의 여성들일 겁니다. 멋대로 행동하는 딸과의 관계도 힘이 드는데, 남편의 부모마저 간호해야 합니다. 아이들을 다 키우고 겨우 자유로워졌는데 말입니다. 게다가 갱년기를 겪는 중이라 기분도 불안정하고 몸의 상태도 예전 같지 않습니다.

옛날 같으면 자식이 많았으니까 대여섯 명의 형제가 교대로 간병을 하는 등 여러 가지 방법이 있었겠지만, 지금은 그 부담이 몽땅 한 사람에게 주어집니다. 지금이야 전후 베이비붐 세대 여성들이 간병의 최전선에 내몰려 있는 상황이지만, 사회적 대책 없이 이대로 가다간 젊은 세대 또한 모두 그렇게 될 겁니다.

일본의 대표적인 소설가 아쿠타가와 류노스케芥川龍之助의 문장이 생각납니다.

"인간 사회에서 가장 행복한 것은 아이가 성장함과 동시에 부모가 죽는 것이다."

제가 아는 30대 여성은 외동딸에 아직 싱글인데, 부모가 없었으면 좋겠단 말을 스스럼없이 합니다. 부모님의 간섭과 훗날에 대한 걱정이 너무 앞서다 보니 "지금 돌아가시면 좋을 텐데" 하고 정말 심각하게 고민합니다. 10년 전쯤에는 해외로 나가고 싶었지만, 집에서 반대할 것이 뻔해서 아무 말도 못했다고 합니다. 딸에게 의지하는 마음이 커서 해외에 가면 아마도 아침부터 밤까지 신경쇠약에 걸린 것처럼 걱정하실 것을 알기에 "다른 사람처럼 가벼운 마음으로 1년쯤 해외에 가도 되겠냐는 말을 못하겠더라고요"라고 하더군요.

그녀는 그 후 부모의 반대를 무릅쓰고 독립을 했는데, 인생이 20배쯤 즐거워지고 행복해졌다고 합니다. 하지만 지금이라도 부모 중 어느 한쪽이 먼저 돌아가시면 외동딸이라 바로 돌아가야만 한다는 생각을 여전히 떨치지 못하고 있지요.

: 7 :
간병의 한계를
아는 일

Q

부모 간병이 현 상태를 유지해서는 안 된
다고 하셨는데, 우리는 어디서 출구를 찾
아야 할까요?

구체적인 방안에 관

한 이야기를 하기 전에, 아까 말한 '부모에 대한 죄책감'을 먼저 고칠
필요가 있습니다. 그것은 가족, 그리고 부모 자식 간의 의미를 다시 생
각해 보는 것과도 이어집니다. '처음엔 부모가 자식을 보살피지만, 얼
마 안 있어 자식이 부모를 보살피는 관계'라는 고정관념은 이미 무너졌
습니다.

연하가 연상을 보살피는 것은 인간뿐입니다. 동물은 부모가 새끼를
키우지만, 새끼는 성장하면 부모 곁을 떠납니다. 그리고 라이벌이 되지
요. 그것으로 끝인 겁니다. 사자를 예로 들면, 새끼가 성장하여 부모와
함께 가족을 만들고 나중에 자기를 길러준 부모를 보살핀다는 건 있을

수 없는 일이잖아요?

인간만이 처음에는 보살핌을 받고 나중에는 보살피는, 간병하는 문화를 가지고 있습니다. 은혜를 갚는다고나 해야 할까요? 언젠가 영장류학자에게 물어본 적이 있습니다. 고릴라나 침팬지도 케어를 하느냐고. 그러자 "그런 일은 거의 없는데, 혹시 이게 케어인가 할 만한 케이스가 하나 있기는 합니다"라고 운을 띄더군요.

무엇인가 하면, 고릴라 무리에는 리더가 있는데, 그 고릴라가 노쇠하여 눈이 보이지 않게 되면 죽기 1개월 전에 계속하여 무리들이 주변에 모여든다고 합니다. 그리하여 이동할 때, 늙은 고릴라는 이미 눈이 보이지 않아 앞에서 선도역할을 할 수 없는데도 늙은 리더를 보좌하여 앞세우고 뒤를 따라간다고 합니다. 그것이 그가 알고 있는 유일한 예라고 합니다. 나중에 태어난 동물이 먼저 태어난 동물을 보살피는 케이스는 그 이외에는 본 적이 없다고 합니다.

제가 이런 말을 하는 이유는, 부모의 간병을 너무 의무감으로만 받아들이지 말라는 뜻입니다. 그렇다고 부모를 버리라고 하는 말도 아닙니다. 단지 이 세상의 체계를 생각하면 노인이 먼저 죽는 것은 당연하고, 그럼으로써 세상은 돌아가는 것이라고 생각해야 한다는 겁니다. 자식이 부모에게 강요해서가 아니라 그것이 문화인 것입니다.

Q

하지만 자기가 죽을 순간을 떠올리면 '내 아이가 간호를 해주었으면', '병수발을 들어주었으면'이란 마음이 드는 건 사람이니까 어쩔 수 없다는 생각이 드는데요.

거듭 말하지만, 실제로 자식의 간병을 받는 일이 힘들어졌습니다. 이미 우리는 부모 자식이나 가족이라는 틀이 붕괴된 시대에 살고 있습니다. 간병 문제 하나만 봐도, 부모 자식 간의 끈끈한 관계를 이어가는 일이 불가능해진 것입니다.

부모가 죽는다는 것을 받아들이기 힘들다, 부모가 생각하는 행복과 내가 생각하는 행복이 다르다, 엄마가 친구인지 적인지 알 수 없다 …… 같은 문제는 분명 예전에는 없던 고민이었습니다. 오히려 끈끈했던 가족관계가 없어졌기 때문에 발생한 문제들인 겁니다.

지금 우리에게 다급한 문제는 자식이 부모를 어떻게 보살필 것인지가 아닙니다. 오히려 '사람이 살아가는데 왜 또 한 사람을 필요로 하는가', '진정으로 친밀한 관계란 어떤 것일까', '죽을 때 누구와 죽고 싶은가' 같은 것들입니다. 이런 문제들을 잘 생각하여 누구에게 간병을 받을지를 정해야 한다는 말이지요. 다시 말해서, 지금까지 가족이 담당해왔던 친밀한 인간관계를 가족이라는 틀을 벗고 생각할 필요가 있다는 얘기입니다.

: 8 :

내가
쓰러졌을 때

Q

선생님은 누구에게 병수발을 받으며 돌아
가시고 싶으십니까?

솔직히 말해서 처음
엔 가족이나 친한 친구를 생각했었죠. 그러나 저의 부모님들을 보고,
그것은 환상일 뿐이라는 것을 알게 되었습니다.

아버지를 보살펴주신 간병인 분들, 그분들은 비록 직업이지만 아버
지에게는 더없이 가까운 분들이었습니다. 힘들고 외로운 시간을 함께
해주었으니까요. 그분들이 손을 잡고 마지막을 지켜봐주신 것이 제가
마지막을 지키는 것보다 더 행복하지 않았을까 싶었습니다. 저는 그때
처음으로 간병인에게 머리를 숙였습니다. 저보다도 훨씬 더 아버지를
생각해주신 분들이었습니다.

그날 이후 저는, 가족이 마지막을 지켜야만 행복할 것이라는 생각이
일종의 환상이었다는 것을 깨닫게 되었습니다.

Q

아주 구체적으로 이제부터 간병의 형태는
어떻게 변화될지, 우리들은 어떻게 해야
좋은지 알고 싶습니다.

확실한 것은 간병 문
제가 어떤 사회적인 대책 없이 지금까지와 마찬가지의 형태로 지속된
다면, 간병으로 인하여 인생의 전성기, 일을 해야 할 전성기의 몇 년간
이 그저 소비하고 말 것이라는 사실입니다. 남성이라도 회사를 그만두
고 간병을 할 수밖에 없을 것입니다. 다카츠키高槻 시의 시장도 간병을
위하여 시장을 사직하였다고 들었습니다.

제 지인 중에도 대기업의 광고부장이었던 사람이 회사를 그만두고
가고시마鹿児島에 매주 비행기를 타고 간병하러 갑니다. 매주 말입니다.

대단한 것은 그가 그 마을의 간병 시스템을 정비했다는 사실입니다.
역시 광고부장이더군요. 방문간호와 방문의료를 협력시스템을 통해 교
대로 돌아가면서 이행하도록 했다고 합니다. 본인이 가지 않아도 부모
님의 간병이 가능하도록 체계화시킨 것이었지요.

그가 한 일을 보고 있자니, 두 가지 길이 보입니다. 하나는 부모와
자식 간처럼 혈연이기 때문에 당연히 보살핌을 받는 관계를 재정립하
는 겁니다. 다른 하나는 가족 이외의 간병 시스템을 만들어가는 것입
니다.

: 9 :

간병을 위한
그룹 홈

Q

'당연한 듯 보살핌 받는 관계를 재정립한
다'고는 해도 실제로는 어렵지 않겠습니
까? 실제적으로 선생님께서는 자녀분들의
간병을 단념하실 수 있으십니까?

간병이 필요한 상황
이 되면, 부모는 어느 정도의 선에서 단념을 해야 합니다. 부모 자식이
서로 행복한 관계를 유지하기 위해서는 자식 쪽에서도 선을 그을 필요
가 있습니다. 죄책감을 갖는 것으로는 아무것도 해결되지 않으니까요.

단지 이때 문제가 되는 것은 경제적인 부담입니다. 혼자서 해결하기
에는 막대한 돈이 드니까요. 그런 생활이 가능한 건 극히 일부의 사람
들뿐입니다. 그래서 또 하나의 길인 '가족 이외의 간병 시스템'이 중요
해지는 겁니다.

Q

구체적으로는 어떤 방법이 있을까요?

외동 자녀의 부부가 부모를 간병하는 것이 얼마나 힘든 일인지를 사회 레벨로 확대하면 바로 예측할 수 있습니다. 간병을 받아야 하는 사람들끼리 서로 지켜줄 수밖에 없는 상황이 올 수밖에 없지요.

게다가 고령화 사회에서는 병도 만성인 경우가 많습니다. 예를 들어 당뇨병이 그렇습니다. 지금까지의 병은 입원하고 치료가 끝나야 사회로 돌아갔지만, 이제부터는 병을 끌어안고 일하고 살아야 하는 것입니다. 병과 생활이 어느 정도 혼재되는 것이죠.

그렇게 되면 가정 안에서 병에 대항하는 것이 어려워집니다. 예전처럼 이웃의 도움을 받고 살았던 시절로 다시 돌아가야 합니다. 도움을 받은 사람이 때론 도움을 주고, 도움을 준 사람이 때론 도움을 받으며 서로를 지켜주는 관계가 필요해지는 겁니다. 이해하기 쉽게 예전의 이웃관계로 다시 돌아간다는 표현을 쓰기는 했지만, 실은 '그룹 홈'과 같은 시스템을 만들어야 합니다.

저는 부모님을 요양시설에 모셨었는데, 가끔 뵈러 가서 의외의 장면을 목격하기도 했습니다. 예를 들어 식사시간이 그렇습니다. 모두들 음식을 많이 흘리니까 행주가 준비되어 있습니다. 그런 때에 건강한 할머니들이 활약을 합니다. 그녀들은 몸이 아파서 온 것이 아니라 개인 사정으로 들어온 분들입니다. 할머니들은 요양사들을 대신하여 행주를 들고 다니며 손이 필요한 노인들을 보살펴줍니다. 보람이라고나 할까,

자신의 존재 의미를 몸으로 확인한다는 느낌을 받았습니다.

요양시설에서는 이처럼 본래는 보살핌을 받아야 할 사람이 다른 사람을 도와주는 상황이 아주 일상적으로 펼쳐집니다. 이제 요양시설 밖에서도 그런 상황들이 연출되지 않을까 싶습니다. 아직 건강한 노인이 몸이 좀 불편한 노인을 챙긴다거나, 혹은 혼자 사는 다른 노인을 매일 방문한다든가 하는 거죠. 물론 이런 관계는 노인들끼리의 문제에만 국한되어서는 안 될 것입니다.

옛날에는 거리를 지나면 정육점이나 생선가게 주인이 "오늘은 무얼 드릴까요?" 하고 물어왔습니다. 그것은 동시에 "할머니, 몸 좀 어떠세요?" 하고 안부를 묻는 역할도 했던 것입니다. 그래서 말인데요, 지역 슈퍼마켓의 배달이 좀 더 활성화되면 옛날의 '안부 묻기' 역할을 할 수 있지 않을까요?

슈퍼마켓에서 알바를 하는 젊은이가 물건을 배달해주는 김에 할아버지 할머니의 혼자 사시는 모습을 보고 돌아오는 겁니다. 돌아와서는 슈퍼에 근무하는 다른 사람들에게 할아버지 할머니의 안부를 전하는 거죠. 그런 일들이 반복되다 보면 의외로 옛날의 커뮤니티가 형태를 바꾸어 부활할 가능성도 있다고 봅니다.

그러면 자원봉사라는 이름을 빌리지 않아도 저절로 지역의 독거노인들을 보살피는 시스템이 활성화될 것입니다. 게다가 노인들 쪽에서도 가족보다는 오히려 전혀 관계없는 사람이 더 편하게 느껴질 수도 있으니까요.

: 10 :

부부의 형태는
변할까

Q
가족의 형태가 변하면 부부의 형태도 변하
지 않을까요?

간병 문제로 설명하
자면, 지금처럼 '시부모의 간병은 며느리가 하는 것'이라는 형태는 변
할 수밖에 없을 겁니다. 친자식이라도 견디기 힘든 일이니까요. 실제로
고부관계의 번민 때문에 결혼을 기피하는 여성이 늘어나고 있잖습니
까?

요즘은 절대적인 빈곤이라는 게 없어졌기 때문에 여성이라도 부모
님 댁에서 생활한다면 자기 월급으로 살아가는데 문제가 없고, 아주 조
금은 부모님께 드릴 수도 있으니까요. 모두들 어떻게든 일을 하니까 살
아갈 수는 있는 것이지요. 점점 결혼과 멀어지는 여성들도 늘어나고 있
습니다. 하지만 인간이란 역시 누군가와 살을 부딪치면서 살아가고 싶
어 합니다.

결국 가족제도를 바꿀 수밖에 다른 도리가 없는 겁니다. 결혼하지 않고 함께 산다거나, 같이 살진 않아도 파트너로서 함께한다거나……. 두 사람이 공히 함께 있고 싶다는 마음을 품고 있는 고로 느슨한 형태의 가정을 영위하는 것이죠.

결혼하여 며느리가 되어 시부모를 부양해야 한다면, 결혼하지 않고 파트너 관계로 있으면서 자기 부모만을 보살피는 편이 편하니까요. 남녀 간의 부담이 같아집니다.

역사적으로, 인간은 누군가와 친밀한 관계를 유지하거나 부성이나 모성을 매체로 한 관계를 맺는 일이 필요했습니다. '왠지 옆에 있으면 좋은 사람'이라는 의식과 '친밀한 관계'를 맺은 것이 어쩌다 보니 역사적으로는 쭉 가족이라는 공간을 창조하게 된 요인이었던 것이죠.

지금까지는 사람과 사람 사이의 관계 중 가장 농도가 짙은 것이 가족이었지만, 요즘은 그렇지도 않습니다. 현대의 가족은 각기 다른 시간과 장소에서 밥을 먹고, 평소에는 그다지 얼굴도 마주치지도 않습니다. 가족은 '마음이 따뜻해지고 쉴 수 있는 친밀한 관계'와 더 이상은 동의어가 아니라는 말입니다.

몇몇 건축가들이 새로운 형태의 '관계'를 위한 공동생활의 공간을 만들었습니다. 부엌이나 응접실은 공유하고, 아이들이 놀 수 있는 공간도 함께 해놓고, 부부 침실이나 서재는 보통의 집들처럼 만드는 것이지요. 말하자면 옛날의 골목 같은 감각이라고 할까요? 지금까지의 개념으로 말하자면 복수 가족의 집합이지만, 예전의 '대가족'이라는 느낌에 가깝습니다.

이렇게 되면 부모를 보살피는 일도, 아이를 보육원에 보내고 데려오는 일도 당번을 정해서 할 수 있습니다. 여성도 육아와 간병에 얽매이지 않고 일을 할 수 있습니다. 결혼의 여부와 상관없이 실질적인 가족 생활이 가능해지는 겁니다.

싫든 좋든 이처럼 '넓은 의미의 가족'을 인정하지 않는다면 앞으로 더욱 악화될 저출산, 고령화 사회를 유지해 나갈 수 없을 것입니다. 지금까지처럼 결혼하면 당연한 듯 아이를 낳고, 양쪽 부모와 친척에게 억압받는 형태의 삶으로는 출구가 보이지 않습니다.

인간은 누군가와 친밀한 관계를 맺지 않고서는 절대 살아갈 수 없습니다. 그렇다면 이 시대에 맞는 새로운 관계를 만들어야 하는 것이 아닐까요? 사람들이 각자 다양한 종류의 친밀함을 맺어도 좋지 않을까요?

연출가 테라야마 슈지寺山修司가 이런 말을 했습니다.

"불행은 모두 똑같은 얼굴을 하고 있지만, 행복은 모두 다른 얼굴을 하고 있다."

참 재미있는 말입니다.

: 11 :

가족과
공동체

Q

행복의 형태가 여러 가지라면 '지금까지와
같은 가족관계를 그대로 유지해도 좋지 않
나?'라는 생각도 할 수 있지 않을까요?

지금은 아주 족쇄가
되어버렸지만, 그래도 인간이 만들어낸 제도 중에서 가장 뛰어난 것은
역시 '가족'과 '공동체'입니다. 이제 '공동체'에 대하여 생각해 봅시다.
현대사회는 이웃과의 관계가 없어졌기 때문에 요즘 아이들에게 공동체
는 학교뿐인데, 이게 마치 족쇄와도 같습니다. 골치 아픈 장소가 된 것
이지요.

학교나 가정이나 아이를 키우는 장소입니다. 아이를 키우는 장소에
서 중요한 것은 '함께'라는 의미입니다. 집에서는 '함께' 밥을 먹잖아
요? 학교에서도 급식이 있어서 '함께' 밥을 먹습니다. 또 유치원에선
'함께' 낮잠을 잡니다. 집에서도 '함께' 자지요. 유치원에서는 '함께' 노

래 부르고 '함께' 춤을 춥니다. 유치원은 노래와 놀이가 주요 과목이니까요.

이 '함께'하는 것에는 아주 중요한 이유가 있습니다. 무언가를 다른 사람과 함께 느끼는 경험을 키우는 겁니다. 그리고 무언가를 함께함으로써 타인에 대한 상상력을 키웁니다.

함께하는 것 중에서도 특히 중요한 건 '함께 먹는' 일입니다.

저는 밥을 함께 먹지 않게 된 상황이야말로 현대사회의 가족관계에 적지 않은 영향을 주었다고 생각합니다. 왜 밥을 함께 먹는 일이 중요한가 하면, 맛이라는 것은 각각의 입 안에서만 느낄 수 있는 감각이라 간단히 공유할 수 없기 때문입니다.

보는 것은 공유할 수 있습니다. 소리나 냄새도 바로 공유할 수 있습니다. 그러나 맛은 공유할 수 없습니다. 엄마는 밥상 앞에서 "어때? 맛있어?" 하고 묻습니다. 맛있냐고 묻는 것은 상대방 입 속의 감각을 알 수 없기 때문입니다. 함께 있다고 해서 간단히 공유할 수 없는 감각이 바로 '맛'입니다.

함께 밥을 먹는다는 것은, 상대가 지금 이 음식을 어떻게 생각하는지에 대해 관심을 갖는 행위입니다. 즉, 타인에 대한 상상력을 발휘한다는 의미에서 배려이기도 합니다. 함께 밥을 먹고 '와, 맛있다'라는 감각의 공유를 확인하는 것입니다.

인류는 그러한 장소를 먼저 가족, 그리고 학교의 급식이라는 형태로 설정해왔습니다. 인간을 사회적 동물로 성장시키기 위해 아주 중요한 부분을 가정과 학교라는 시스템이 잘 분담해 온 것입니다.

하지만 불행히도 요즘 아이들에게 집과 학교는 스트레스를 받는 장소가 되어버렸습니다. 집과 학교를 나온 아이들은 달리 갈 장소가 없기 때문에 그저 거리를 방황하게 됩니다. 집과 학교가 아닌 다른 곳에서 아이들은 새로운 공동체를 형성하기 위해 떠도는 겁니다.

입은 아주 중요한 기관입니다. 앞서 말했던 것처럼 타인에 대한 상상력을 키워주고, 살아가는 의욕 또한 전부 입에서 나옵니다.

요양시설에 들어가 있는 노인은 두 가지 면에서 입의 움직임이 약해져 있습니다. 먼저 음식에 대한 관심이 아주 적습니다. 주변에 잘 먹는 사람이 없으니 더욱 그렇습니다. 요양사가 "아~ 하세요" 하며 입에 넣어주지 않으면 먹지 않습니다.

또 하나는 다른 사람에 대한 관심이 줄었습니다. 그것도 입을 통해 밖으로 표현하는 부분에 대해서 그렇습니다. 예를 들어, 모두가 모인 식사시간이라도, 시설에 따라서는 너무 조용하거나 너무 시끄럽습니다. 너무 조용한 것은 그야말로 타인에 대한 관심이 없기 때문에 대화가 없는 것입니다. 시끄러운 것은 각자 자기가 떠들고 싶은 것만 떠들 뿐 다른 사람의 이야기를 듣지 않기 때문입니다. 진정한 대화가 없기 때문에 시끄러운 것이지요.

음식에 대한 관심이 없어져서 먹는 것에 대한 즐거움을 잃어버린 것과 타인에 대한 관심이 없어져서 말을 하지 않게 된다는 것은, 살아가는 에너지가 곧바로 나오지 않는다는 첫 번째 표식입니다.

입은 인체의 부위 중에서 행복과 가장 강하게 연결되어 있습니다. 만족을 느끼는 기회가 입에 집중되어 있으니까요.

눈을 기쁘게 한다든가 귀를 기쁘게 한다든가, 각각의 행복이 있지만, 그것은 좋은 것을 본다든가 듣는 것뿐입니다. 기쁨이 각각의 기관에 하나뿐인 거죠. 그렇지만 입에는 행복이 가득합니다. 음식을 먹으며 미각을 만족시키는 '맛'에 대한 행복이 있고, 타인과 대화를 나누고 기분이 상쾌해지는 행복이 있고, 노래를 할 때의 행복이 있고, 울거나 아우성칠 때의 감정을 표현하는 행복도 있습니다. 마지막으로 키스라는 촉감을 통한 성적인 쾌감도 있습니다.

이 기능 중 어느 하나가 결핍되어도 사람들은 불행하다고 합니다. 타인과의 신체적 접촉을 못해도 불행하고, 소리를 내지 못하게 해도 불행하고, 타인과 대화를 나누지 못하게 되어도 불행하고, 노래 부르는 것을 잊어버려도 불행합니다. 물론 맛있다는 감각도 절대적으로 필요하지요.

하지만 입에 행복이 집중되어 있다는 건, 불행도 집중해 있다는 뜻입니다. 불행도 입에서 나옵니다. 따라서 무언가 안 좋은 일이 닥치면 섭식장애에 빠지거나 음식에의 관심이 없어집니다. 실연을 하여 살아갈 기력을 잃게 되면 음식을 먹을 수 없게 됩니다. 슬픔만이 가득하면 말할 기력을 잃습니다. 입의 기쁨이 필요 없어지기 때문입니다.

가정은 '입'의 행복이 가득한 장소입니다. 젖을 빨고, 함께 동요도 부르고, 울고 웃으며, 함께 맛있는 음식을 먹습니다. 가정이야말로 입의 행복을 가르쳐준 곳입니다. 그런데 이제는 그 행복을 어디에서 찾아야 할지, 신중하게 생각해 볼 필요가 있습니다.

5분 만에 답을 찾는 모든 심리 연구소

처방전 ❶

인생은 복선으로

3월은 졸업 시즌이고 정년퇴직의 계절이다.

정년을 맞아 이제부터 무엇을 해야 좋을지 막막한 사람이 내 주변에
도 적지 않다. 지금까지는 회사를 다니느라 할 수 없었던 일을 이제 겨
우 할 수 있게 되었다고 마음 설레는 사람도 있다. 회사에서 계속 해오
던 일을 다른 장소에서 살려보고 싶다고 기대에 부푼 사람도 있다.

이들 간의 차이는? 기차를 예로 들어보자. 단 한 대의 기차만을 타고
하나의 선로만을 달려왔는데, 갑자기 선로가 끊어져 망연자실하는 사
람……위에서 언급한 첫 번째 사람이다. 예전에 탄 적이 있었던 기차
에 몸을 싣고 다른 선로를 달리려 하는 사람……두번 째 사람이다. 지
금까지 타고 왔던 기차에 계속 몸을 싣고 다른 선로를 달리려 하는 사
람……세번째 사람이다.

이 나이쯤 되니, 주변의 지인들을 둘러보며 절실히 느낀 것이 있다.

우등생으로 졸업해서 대기업에 들어가 이사직까지 올라간 친구보다도, 당시에는 좀 불량스럽다거나 날라리라고 불리던 친구가 나이가 들면서 깊이와 연륜이 있어 보인다는 점이다. 학교에서 공부만 하던 친구에 비해, 수업이 끝나면 재빨리 학교를 빠져나가 거리를 쏘돌아다니며 학교 외의 사람들과 네트워크를 공유하며 그 만남을 지속시켜왔던 사람 쪽이 훨씬 풍요로운 삶을 영위한 것 같은 느낌이 든다.

서글픈 건, 같은 열차에 타고 있다고 믿었던 일행이 실은 같은 속도로 달리는 옆 열차에 타고 있었다는 사실을 깨닫게 될 때다. 기차는 알지 못하는 사이 멀어져 가고, 친구들이 탄 옆 기차가 보이지 않을 정도로 간격이 벌어져서 아무리 소리를 질러도 들리지 않게 된다. 사실은 이런 경우가 의외로 많다.

'나는 나'라는 주장에 납득되어지는 이유, 그것을 아이덴티티라고 부른다. 아이덴티티가 꼭 하나일 필요는 없다. 복수여도 괜찮다. 아니, 복수인 편이 좋다. 복수라면 그중 하나가 약해져도 혹은 떨어져나가도 남은 아이덴티티를 소중히 살리면 '나'는 아마 어떤 환경에서도 흔들리지 않을 것이다. 반대로 하나의 아이덴티티밖에 없는 사람은 작은 변화에도 '나'가 무너져 내린다.

'하나의 것에 집중하지 말라'는 뜻이 아니다. 하나의 일에 집중하고 있을 때에도 여러 개의 눈을 가지라는 말이다. 하나의 빛을 밝히는 것보다 두 개의 빛을 밝히는 편이 세계를 보다 입체적으로 바라보는데 유리하다. 마찬가지로, 한 가지 일을 할 때도 안팎의 두 방향에서 바라봐야만 앞으로 나아갈 길이 확실히 보인다..

어떤 사업이라도 일직선으로 끝까지 갈 수 있는 길은 거의 없다. 대부분은 도중에 몇 번이고 좌절하거나 궤도수정을 해야 한다. 가끔은 어쩔 수 없이 포기해야 할 경우도 있다. 그럴 때 가장 필요한 것은 '밖'에서 보는 다른 눈이다. 복안이 없으면 사업은 동맥경화를 일으켜 현상을 타개할 책략을 마련하지 못한다.

그렇지만 이런 복안을 혼자서 연마하는 것은 어렵다. 자신과는 다른 방식으로 사는 사람들에게 복안이 있다. 따라서 다른 사람들과 얼마만큼 깊고 폭넓은 관계를 맺고 있는가에 따라 복안을 가질 수 있느냐가 결정되어진다. 복안을 갖기 위해선 복수의 네트워크를 가지고 있는지, 복선의 인생을 걸고 있는지가 중요하다.

한 기업 총수가 이런 말을 했었다.

"회사 경영이 힘들어졌을 때, 그저 전화를 걸고 싶은 사람은 기업경영의 선배가 아니라, 고교시절 함께 기숙사 생활을 했었지만 전혀 다른 길을 걷고 있는 동급생이었다."

가족이 무겁게 느껴질 때

처방전 ❷

가족을 대신할 수 있는 것?

온 세상이 가난할 때는 가족이라는 단위가 '가난을 막는' 최후의 단위였다. 개인의 빈곤을 가족이 흡수했던 것이다. 그 대신에 개인의 소비는 가족의 승낙을 필요로 했다. 부모에게 장난감을 사달라고 졸랐을 때, "이 정도 돈이면 우리 식구 모두 며칠은 먹을거리 걱정을 안 해도 되는데……"라는 말을 듣고 입을 다물 수밖에 없었다.

고도성장기에도 개인의 소비는 가족의 허락을 필요로 했다. 아이는 부모를 설득하기 위한 이유를 만들어내지 않으면 안 되었다. 극작가 히라타 오리자 씨는 어렸을 때 무언가 필요한 것이 있으면 '탄원서'를 써서 부모에게 제출해야만 했다고 한다. 그리고 그것이 지금의 자기를 만든 것 같다고.

생각해 보면, 가족이란 참으로 까다로운 존재이다. 거기에는 여러 가지 모순이 응집되어 있다.

가족은 명령과 복종의 관계를 낳는 권력의 모형임과 동시에 외부의 권력으로부터 일가를 보호하는 방벽이기도 했다. 가족은 민중을 관리하는 국가조직의 최소 단위이기도 하지만, 국가를 향한 민중의 저항의 거점도 되어 왔다.

가족관계는 보답을 바라는 것이 아닌, 서로 보살펴주는 헌신의 관계이다. 그런 의미에서 가족은 엄격한 틀이 지배하는 사회로부터 피난처의 기능을 해온 셈이다. 이를 뒤집어서 말하면, 한쪽이 다른 쪽을 끊임없이 착취하는 관계도 된다는 암시이다. 실제로 가족은 몸을 의탁하는 은밀한 장소이기도 하면서, '형제는 타인의 시작'이라는 말처럼 서로에게 타인이라는 사실을 가장 가까이에서 알려주는 장소이기도 하다.

사회가 고도소비를 지향하면서, 개인과 사회 사이에 존재하는 가족이라는 중간지대가 급속도로 힘을 잃기 시작했다. 개인이 가족을 넘어서 소비의 주체로 등장했기 때문이다. 더불어 개인은 가족이라는 쿠션을 통하지 않고 곧 바로 사회에 노출되기 시작했다. 때로는 익명인 채로…. '네트워크 사회'가 그 상징이다.

이런 현상은 당연히 피로를 동반한다. 피로를 넘어서 참극도 일어나기 쉬워진다. '가족 참극'과는 다른 참극이 노상에서 혹은 아파트의 한 방에서 일어나곤 한다. 누군가 빈곤하더라도 '네트워크 사회'와는 전혀 상관이 없다.

모두가 가난했던 시절에는 가족이나 지역에 '함께 빈곤을 막는' 장치가 있었다. 그저 성가시다는 이유로, 가족이나 지역을 통하지 않고 누군가와 직접 접촉하고자 한다면, 그에 따른 상처 역시 자신이 받아들

가족이 무겁게 느껴질 때

여야만 했다. 이것이 '자기 책임'의 논리이다.

이 상처를 가족이 흡수하지 않는다면 구제장치는 어디에 있는 것일까? 그 예로 금융론을 들고 나오는 사람이 있다. 하지만 금융은 시장의 논리로 움직인다. 즉 계약의 논리이지 케어의 논리가 아니다. 거기에는 '못 본 체' 하는 배려도 '지원'이라는 시점視點도 없다.

'네트워크 사회'에서는 가족을 대신할 쿠션이 필요하다. 이러한 시점에서 주목할 만 것은 '반反빈곤 서포트 네트워크'의 활동이다. 하지만 가족에서와 같은 까다로움이 분명 여기에도 존재할 것이다.

처방전 ❸

서로 의지하는 것이 아니라

노령의 가족을 간병하고 있노라면 종착역이 없는 '끝없는' 길을 걷고 있는 것만 같다. 내가 상대를 보살피고 있는 것인지, 상대의 노예가 된 것인지 구별하기 힘들다. 상대의 뜻대로 놀아나고 있다는 생각이 점점 심해지면 몸 전체에 피곤함이 쌓여서 참을 수 없게 된다. 결국 참다못해 "어떻게 자기 생각만 해!", "난 이것 말고도 할 일이 많단 말이야!" 따위의 말을 내뱉게 된다.

간호 관계 서적의 책장을 넘기다 보면, 간병하는 도중 '케어를 하는 사람이 케어를 받는다'는 말이 나온다. 사실 타인을 간병할 때 이런 기분이 안 드는 것도 아니다. 자기의 시간을 상대에게 맡기는 동안에는 생명이 침잠되어가는 것처럼, 시간이 무겁게 흐르는 느낌이 든다. 그러면서도, 몸이 나른해지면 내면에서 들려오는 생명의 속삭임에 귀를 기울이게 된다.

그러나 부모의 경우라면 이야기는 달라진다. 서로 대화를 주고받는 사이에 마음이 뒤틀려서 굳이 말하지 않아도 될 일을 입 밖으로 내뱉게 된다. 한마디 한마디에 타인을 끌어들여 얽히고설킨 관계를 암시하고 만다. 입에서 툭 튀어나온 한 마디의 부주의한 말이 의도한 것 이상으로 상대에게 깊은 상처를 남긴다. 결국 아무것도 아닌 말을 주고받는 것만으로도 피곤해진다.

간호사들도 그럴 것이다. 간호를 하는 측과 받는 측이니 단순한 관계처럼 보이지만 꼭 그렇지만도 않다. 업무로 이리 뛰고 저리 뛰고 있는데 계속 콜을 한다든가, 바쁜 틈을 타 환자를 살피러 갔는데 서비스 받는 게 당연하다는 얼굴을 하면 상대를 저주하고 싶어진다. 문제는 싫은 내색 없이 웃는 얼굴로 받아들여야 하는 자신의 입장이 싫어지는 데 있다. 그러다 그렇게 생각하는 자신에게 심한 자괴감을 느끼고 이번에는 몸을 혹사한다. 결국 거리 두는 방법을 알지 못하고 버둥거리다 케어라는 일에 지치게 된다.

'서비스'라는 단어가 있다. 일반 업무나 공익사업에서의 대접과 접객까지, 넓은 의미로 사용되고 있다. 서비스업이나 서비스 룸, 케어 서비스라고 말은 정착한 지 오래다.

'서비스'는 원래 '섬기다, 봉사하다, 헌신하다, 근무하다, 노예이다'라는 의미의 라틴어 동사에서 유래한 말로, servant고용원나 slavery노예상태, 컴퓨터의 서버server도 같은 어원에서 파생한 것이다. 이 단어에는 처음부터 보살핀다는 의미와 노예가 된다는 의미가 함께 포함되어 있다.

사람은 분명 혼자서는 살아갈 수 없다. 갓난아기는 혼자서 아무것도

5분 만에 답을 찾는 모든 심리 연구소

할 수가 없고, 죽을 때가 가까워졌다고 해서 나 혼자 관으로 들어갈 수도 없다. 사람은 서로를 지켜주어야만 살아갈 수 있다. 하지만 이 '서로를 지켜주는 행위'가 그야말로 어렵다. 서로 지켜주는 것과 의지하는 것의 차이를 아는 것은 더욱 어렵다. 그래도 의지하는 것이 아니라 서로 지켜주는 관계를 추구하며 혼자 애쓰는 사람들이 이 세상에는 의외로 많다.

상담소장의 맺음말

좀 편안해지셨습니까? 오히려 상처가 덧나지는 않았는지요? 어쨌든 잠시 동안 통원을 부탁드립니다. 우리 병원에서는 각 개인에게 맞는 치료를 위해 약도 몇 가지 조제해 두었으니, 주의사항을 잘 읽고 복용해 주십시오.

와시다 키요카즈鷲田清一